भारतीय कविताएँ

1989-90-91

(चौदह भारतीय भाषाओं की प्रतिनिधि कविताएँ)

भारतीय कविताएँ
1989-90-91

(चौदह भारतीय भाषाओं की प्रतिनिधि कविताएँ)

सम्पादक

डॉ. र. श. केलकर

वाणी प्रकाशन ग्रुप

भारतीय ज्ञानपीठ

वाणी प्रकाशन : भारतीय ज्ञानपीठ की पुस्तकों के एकमात्र प्रकाशक एवं वितरक

राष्ट्रभारती लोकोदय ग्रन्थमाला : ग्रन्थांक 557

पहला संस्करण : 1993
दूसरा संस्करण : 2025

वाणी प्रकाशन : भारतीय ज्ञानपीठ की पुस्तकों के एकमात्र प्रकाशक एवं वितरक

वाणी प्रकाशन

4695, 21-ए, दरियागंज, नयी दिल्ली-110 002
दूरभाष: 011-23273167, 23275710
ईमेल: sales@vaniprakashan.in
www.vaniprakashan.com

ISBN : 978-93-7112-279-5

मूल्य : ₹ 625

भारतीय कविताएँ 1989-90-91
(कविताएँ)
डॉ. र. श. केलकर

BHARATIYA KAVITAYEN : 1989-90-91
(A Collection of Poems)
by Dr. R.S. Kelkar

मुद्रक: आर. टेक ऑफसेट प्रिंटर्स, दिल्ली-110 032

प्रयास

अपने स्थापना-काल से ही भारतीय ज्ञानपीठ का लक्ष्य भारतीय साहित्य के सतत अनुसन्धान और उन्नयन में योगदान रहा है। साहित्य प्रकाशन का आरम्भ हुआ था मूर्तिदेवी ग्रन्थमाला की संयोजना से, जिसके अन्तर्गत ज्ञानपीठ संस्कृत, प्राकृत, अपभ्रंश, कन्नड़, तमिल आदि प्राचीन भारतीय भाषाओं की अप्राप्य एवं दुर्लभ सामग्री का अनुसंधान कर हिन्दी एवं अन्य आधुनिक भाषाओं में अनुवाद के माध्यम से अब तक 150 से अधिक ग्रन्थ सुधी पाठकों और अध्येताओं को समर्पित कर चुका है। बाद में लोकोदय एवं राष्ट्रभारती ग्रन्थमालाओं के अधीन क्रमशः हिन्दी की मौलिक रचनाओं और हिन्दी अनुवाद(जब कभी अन्य भारतीय भाषाओं में अनुवाद) के माध्यम से विभिन्न भारतीय भाषाओं की श्रेष्ठ साहित्यिक कृतियाँ सहृदय पाठकों तक पहुँचाता रहा है (लोकोदय/राष्ट्रभारती ग्रन्थमाला के अन्तर्गत अब तक 556 ग्रन्थ प्रकाशित किए जा चुके हैं)। इसी उद्देश्य को ध्यान में रखते हुए भारतीय ज्ञानपीठ ने 'ज्ञानपीठ पुरस्कार' और 'मूर्तिदेवी पुरस्कार' का प्रवर्तन किया, जिसके माध्यम से उसने आधुनिक भारतीय साहित्य को समर्पित अग्रणी रचनाकारों की शिखर उपलब्धियों को न केवल रेखांकित एवं पुरस्कृत ही किया, उनके अनुवाद के माध्यम से विपुल पाठक-जगत् को परिचित भी कराया।

इसी प्रकार संस्कृति की संवाहक भारतीय भाषाओं के साहित्य में पारस्परिक निकटता लाने के उद्देश्य से, आज से ठीक दस वर्ष पहले भारतीय ज्ञानपीठ ने प्रति वर्ष विभिन्न भारतीय भाषाओं की कविता और कहानी विधा की प्रतिनिधि रचनाओं के अलग-अलग संकलन 'भारतीय कविताएँ' और 'भारतीय कहानियाँ' प्रकाशित करने की योजना बनायी थी। इन श्रृंखलाओं का प्रारम्भ 1983 में प्रकाशित कविताओं और कहानियों की चयनिकाओं से हुआ। साहित्यिक क्षेत्र में इनका जोरदार स्वागत हुआ, जिससे प्रोत्साहित होकर हम तभी से प्रतिवर्ष दोनों चयनिकाएँ प्रकाशित करते आ रहे हैं। प्रस्तुत पुस्तक कविता-श्रृंखला की छठी चयनिका है। इन चयनिकाओं के प्रकाशन में आरम्भ से चली आ रही विलम्बित

कालावधि को पाटने के लिए गत वर्ष हमने 1987-88 की तथा इस वर्ष 1989-90-91 की सम्मिलित चयनिकाएँ प्रकाशित की हैं। प्रस्तुत चयनिका 'भारतीय कविताएँ 1989-90-91' में विभिन्न भारतीय भाषाओं की, प्रत्येक वर्ष की तीन-तीन प्रतिनिधि कविताओं का संकलन किया गया है। इस प्रकार प्रत्येक भाषा की नौ-नौ कविताएँ इस चयनिका में स्थान पा सकी हैं। प्रयास करने पर भी हमें तमिल की कविताएँ समय रहते प्राप्त नहीं हो सकीं अतः भारतीय संविधान की आठवीं सूची में तब तक उल्लिखित शेष चौदह भाषाओं की कविताओं का संचयन कर हमें संतोष करना पड़ रहा है। भविष्य में सम्भव हुआ तो विगत दिनों संविधान में सम्मिलित की गई अन्य तीन भारतीय भाषाओं—कोंकणी, मणिपुरी और नेपाली को भी टटोलने का प्रयास करेंगे।

प्रस्तुत संकलन की कविताएँ शैली, शिल्प और कथ्य की दृष्टि से कितना महत्त्व रखती हैं यह तो सुधी पाठक ही बतायेंगे; हाँ, प्रत्येक भाषा की कविताओं के चयनकर्ताओं से हमारी सदा की भाँति यही अपेक्षा रही है कि वह कविताओं का चयन करते समय उनके शैली-शिल्प और कथ्य के वैशिष्ट्य का बहुत ध्यान रखें। दूसरे शब्दों में, उनसे प्रतिनिधित्व के चुनाव की अपेक्षा की जाती रही है। इस दृष्टि से यह आवश्यक नहीं कि चुनी हुई कविताएँ वर्ष की श्रेष्ठ कविताएँ ही हों, देखना यह होगा कि ये कहाँ तक प्रतिनिधित्व का निर्वाह करती हैं। फिर हम यह पहले ही निवेदन कर चुके हैं कि हर भाषा में ऐसी और भी कई कविताएँ होंगी जो इनसे भी श्रेष्ठ और खरी उतर सकती हैं, लेकिन पुस्तक के कलेवर को ध्यान में रखते हुए जब एक वर्ष की मात्र तीन कविताओं का ही चयन अभिप्रेत हो तब एक चयनकर्ता के सामने स्वाभाविक रूप से समस्या खड़ी हो जाती है और तब उसे समय पर जो सामग्री (उन वर्षों में प्रकाशित पत्र-पत्रिकाएँ या पुस्तकें) उपलब्ध होती है उसी में से वह चयन कर पाता है। संक्षेप में, भले ही हम इसे वर्ष की श्रेष्ठतम कविताओं का संकलन न कहें, एक अच्छे स्तर का प्रतिनिधि संकलन तो माना ही जा सकता है।

चयनिका में हिन्दी को छोड़ शेष सभी भाषाओं की कविताएँ हिन्दी रूपान्तर हैं। उनमें मूल कविता के कथ्य को तो आसानी से समझा जा सकता है लेकिन शैली एवं शिल्प का बोध वे कहाँ तक करा पाती हैं यह विचारणीय है। यह तो हम सभी मानते हैं कि कविता का सौन्दर्य या रमणीयता कवि की अनुभूति के वाहक मूल काव्य में होती है, अनुवाद में नहीं। 'सोऽर्थस्तद्व्यक्तिसामर्थ्ययोगी शब्दश्च कश्चन' के अनुसार प्रतीयमान अर्थ और उसकी अभिव्यक्ति में समर्थ कवि के अपने विशेष शब्द ही होते हैं। अनुवाद तो कविता के मूल भाव तक पहुँचने का, मूल के तात्पर्य को हृदयंगम करने का माध्यम भर है। अतः कविता के सौन्दर्य का सही-सही आकलन तो उसके मूल से ही किया जा सकता है। अब यदि अनुवाद भी

मूल भाषा की कविता के भाव को अभिव्यंजित करने की सामर्थ्य रखता है तो यह अनुवादक की सफलता मानी जाएगी और तब हम उसे कविता का कविता में सही-सही अनुवाद (काव्य-रूपान्तर) कह सकेंगे, अन्यथा तो वह अनुवाद मात्र है, वहाँ काव्यगत रमणीयता या सौन्दर्य को खोजना व्यर्थ होगा। कविता के शली-शिल्प के सन्दर्भ में भी यही बात लागू होती है। कई बार विचार आया, सुझाव भी मिले कि चयनिका में बायीं ओर देवनागरी में प्रत्येक भाषा की मूल कविता को दिया जा सकता है, इससे उसकी शैली और उसके शिल्पांकन के स्वरूप का भी पाठक को साथ-साथ बोध हो सकेगा। ज्ञानपीठ से प्रकाशित भारतीय भाषाओं के कई काव्य-संग्रह इसके उदाहरण हैं। हम इस बात से पूरी तरह सहमत हैं, लेकिन तब चयनिका का आकार-प्रकार बढ़कर दूना हो जायेगा, और पुस्तक की कीमत भी इतनी कि महँगाई के इस जमाने में सामान्य पाठक की जेब सहज ही स्वीकार नहीं कर पायेगी।

इतना सब होते हुए भी ऐसी चयनिकाओं के प्रकाशन का अपना महत्त्व है। प्रस्तुत चयनिका के अवलोकन से सहृदय पाठक पायेंगे कि भाषागत एवं भौगोलिक भेद होते हुए भी पूरे राष्ट्र की चिन्तनधारा एक ही दिशा में प्रवहमान है। वह चाहे पंजाब या कश्मीर की समस्याएँ हों या पूर्वांचल की क्षेत्रीय समस्याएँ या विभिन्न क्षेत्रों में फैला हुआ आतंकवाद, मात्र तत्तद् भाषाओं की कविताओं में ही उनकी अभिव्यक्ति नहीं हुई, अन्यान्य भाषाओं की कविताओं में भी वही स्वर आन्दोलित हुआ है। देश का सामान्य नागरिक जिन समस्याओं से पीड़ित और दुःखी है और साधनों के अभाव में उनसे जूझने की सामर्थ्य खो बैठता है, वहीं एक राजनेता उनके उलझाव-सुलझाव में ही लगा रहता है; जबकि रचनाकार ऐसी समस्याओं को राष्ट्र की विडम्बना मानता हुआ उनसे सतत संघर्ष करने का हमें साहस प्रदान करता है। उदाहरण के लिए इसी चयनिका के कतिपय अंश द्रष्टव्य हैं।

कितनी अजीब स्थिति बनी रही जब—

"कुरु क्षेत्र से कुवैत तक
धृतराष्ट्रों की आँखें फूट चुकी थीं
रक्त में जल रहा था अहंकार
घायल किये बिना नहीं लौटता
कोई भी अस्त्र
एक-एक अजातशत्रु आपस में जूझ रहे थे
कोई नहीं लौटता रणभूमि से…"

('युद्ध', उड़िया—शत्रुघ्न पाण्डव)

इसी बात की संपुष्टि करते हुए कन्नड़ के पी. एस. रामानुज का कविहृदय आश्चर्य व्यक्त करता है—

"कितनी बसी है रक्त की बास इस धरती में
कितने लोग मरे, कितने रोये
दुर्दैव है यह, आश्चर्य है यह
तब भी धरती घूमती ही रही···"

('रोकना है न,' कन्नड़)

पंजाबी कवि का स्वर इसे एक विडम्बना ही मानता है, साथ ही जूझने का साहस भी देता है—

"हे मेरे पंजाब !
तुम्हारे सामने सिर नहीं झुका सकता मैं
क्योंकि मौसम का मिज़ाज कुछ ऐसा है
कि शिनाख्ती द्वार पर इसे
'सोहनसिंह' भी कहा जा सकता है और 'सोहनलाल' भी
तुम्हारी सम्पूर्णतः सलामती की दुआ माँगने
मैं सिर्फ़ हाथ ऊपर उठा सकता हूँ
क्योंकि हाथों का कोई मज़हब नहीं होता।"

('हाथों का मज़हब', पंजाबी—सोहन ढण्ड)

ऐसे हालातों में कश्मीरी कवि कहीं अधिक बेचैन है। वह लिखकर भी न लिखने की विवशता प्रकट कर रहा है—

"मेरे घर को आग ने लूटा, उड़ गई है नींद
मेरे घायल हैं जज्बात, मैं कैसे लिखूँ ग़ज़ल !"

('ग़ज़ल', कश्मीरी—मोतीलाल 'साक़ी')

कुछ ऐसे ही और दुर्दैव के क्षण आते हैं जब हमारा नेतृत्व सोया नहीं रहता, देवता बनकर अवतरित होता है। कितना तीखा व्यंग्य है इन पंक्तियों में—

"देवता बरसाते हैं हम पर आशीर्वाद
और बरसाते हैं ड्रायलंच
जिसे हम पानी के साथ बाद में खाते हैं
हालाँकि पीने के पानी की कठिनाई तो है ही
क्योंकि सीमेण्ट जैसा यह पानी
अब पीने योग्य कतई नहीं रहा···"

('आशीर्वाद', गुजराती—सितांशु यशश्चन्द्र)

और, जी. एस. शिवरुद्रप्पा तो इन परिस्थितियों में सबके पालनहार उस

परमात्मा से भी रक्षा की प्रार्थना नहीं करना चाहते—

"ओ करुणानिधान, कोई और
करता ऐसा, तो सच ही में मैं
करता तुमसे प्रार्थना।
अब जब तुमने ही बींध डाली पीठ
तब करूँ किससे प्रार्थना रक्षा की ?"

('एक घटना', कन्नड़)

लेकिन कवि सुभाष मुखोपाध्याय ऐसे अवसर पर चुप रहना नहीं जानते। बहुत ही स्पष्ट शब्दों में कह उठते हैं—

"अपना यह रथ यहीं रोक लो केशव !
तुमने जो दिया है मुझे तत्त्वज्ञान
बीत गये उसके दिन।
इस नारकीय कुरुक्षेत्र को छोड़कर
हम चाहते हैं
अपने पाँव तले की ज़मीन।
राज्य का लोभ
हत्या
और मार-काट
अब और नहीं।"

('हे सखे !', बांग्ला)

मात्र अन्याय या आतंक की पीड़ा ही नहीं, वर्तमान के सारे सामाजिक संदर्भों में भी यही राग निष्यन्द हो रहा है। लगता है, आरम्भ में क्रौंचवध के कारण कवि की मनोव्यथा से उद्भूत कविता आज भी मानव की उसी व्यथा को, उसी तड़पन को अपने भीतर दबाये आकार ग्रहण कर रही है—

"वहीं है कविता
जहाँ मनुष्य है, दुःख है"

('कविता', असमिया—तोषप्रभा कलिता)

ऐसी और भी अनेक ज्वलन्त सामाजिक समस्याएँ हैं जो विभिन्न भाषा-भाषी कवियों की लेखनी का विषय बनी हैं और जिनकी वैचारिकता प्रायः एक जैसी है। अस्तु।

रूपान्तर या अनुवाद होने के कारण इस संकलन से भले ही यह स्पष्ट न हो कि आज की कविता किस मोड़ पर पहुँचकर नये 'वाद' को जन्म दे रही है, फिर भी यह स्पष्टतः कहा जा सकता है कि अन्य विधाओं की अपेक्षा आज की कविता

की शैली और उसकी संरचना में बड़ी तेजी से परिवर्तन हो रहा है। फिर काव्य की रमणीयता की सार्थकता भी तो तभी है जब उसमें नित-नित नवीनता का आभास मिलता रहे—'क्षणे-क्षणे यन्नवतामुपैति तदेव रूपं रमणीयतायाः।'

पुनश्च ऐसी चयनिकाओं के प्रकाशन में सामग्री-संकलन और सम्पादन सम्बन्धी अनेक समस्याएँ आती हैं, व्यवधान खड़े होते हैं जिनका उल्लेख हमने अपनी पिछली चयनिकाओं में प्रसंगवश समय-समय पर किया है, उन्हें दुहराने का यहाँ औचित्य नहीं लगता; बस, जो कुछ भी उपलब्ध हो सका उसे प्रायः उसी रूप में हम पाठकों के समक्ष प्रस्तुत कर रहे हैं। काव्य-मर्मज्ञ, सुधी पाठकों एवं अनुसन्धेत्सुओं के लिए ऐसी चयनिकाएँ कितनी उपयोगी सिद्ध होती हैं, यह उन्हें ही देखना है लेकिन इतना निश्चयपूर्वक कहा जा सकता है कि कालान्तर में ये चयनिकाएँ भारतीय साहित्य की एक महत्त्वपूर्ण सन्दर्भ-निर्देशिका का रूप ले सकेंगी।

प्रस्तुत चयनिका के लिए हमें अपने चयन-मण्डल के सदस्यों, रचयिताओं और अनुवादकों से तथा अन्य स्रोतों से जो सहयोग मिला है, उसके लिए हम उन सभी के बहुत आभारी हैं। मुद्रण-प्रकाशन आदि कार्य का पूरी तत्परता से निर्वाह करने के लिए हमारे अपने सहयोगी डॉ. गुलाबचन्द्र जैन का साधुवाद। सुन्दर आवरण-शिल्प के लिए श्री सत्यसेवक मुखर्जी को हमारा धन्यवाद!

29 मई 1993

र. श. केलकर
सचिव

चयन-मण्डल

असमी	डॉ. (श्रीमती) इन्दिरा गोस्वामी
उड़िया	डॉ. राजेन्द्र प्रसाद मिश्र
उर्दू	डॉ. सादिक़
कन्नड़	डॉ. बी. आर. नारायण
कश्मीरी	श्री बृजनाथ 'बेताब'
गुजराती	डॉ. महावीर सिंह चौहान
तेलुगु	डॉ. पी. आदेश्वर राव
पंजाबी	प्रो. फूलचन्द मानव
बांग्ला	डॉ. रणजीत साहा
मराठी	श्री प्रकाश भातम्ब्रेकर
मलयालम	श्री जितेन्द्र नाथ
संस्कृत	श्री मधुर शास्त्री
सिन्धी	श्री श्याम जयसिंघानी
हिन्दी	डॉ. गंगाप्रसाद विमल

अनुक्रम

असमी

एक पिता	कबीन फूकन	13
अपने लिए	सनन्त तांती	17
चिरश्री	अनुभव तुलसी	18
पर्वत के उस पार	समीर तांती	20
चिरैया	नीलिम कुमार	22
कविता	तोषप्रभा कलिता	24
गीता-पाठ	विपुलज्योति शईकिया	27
स्मृति	दिलीप बरुआ	29
उत्सर्ग	लुत्फ़ हानुम सलीमा बेगम	32

उड़िया

मॉनिका : जहां भी रहे	प्रसन्नकुमार मिश्र	35
हम लोग	रामकृष्ण साहू	37
तुम एक बार चाहो तो !	सरोजिनी षड़ंगी	39
आक्रोश	हरप्रसाद दास	40
तुम्हारे जाने के बाद	बनविहारी पण्डा	42
समाधि	विजयिनी दास	44
युद्ध	शत्रुघ्न पाण्डव	45
शान्ति	हुसेन रवि गांधी	47
प्रतिरूप	अपर्णा महान्ति	49

उर्दू

दीदा-ए-तर	बलराज कोमल	53
फ़ासले-फ़ासले	बशर नवाज़	55
हदें	साजीना	57
आख़िरी दुआ	शहरयार	59
मैं सोचता हूँ	ज़ुबेर रिज़वी	60
मैं	बिल्क़ीस ज़फ़ीरुल हसन	62
बन्द कमरा	अख़्तर-उल-ईमान	64
आख़िरी सच	निदा फ़ाज़ली	65
सिम्फ़नी	क़ाज़ी सलीम	66

कन्नड़

एक घटना	ज़ी. एस. शिवरुद्रप्पा	71
दीन पराधीन	पी. एस. रामानुजम्	73
सिंहावलोकन	एच. एस. शिवप्रकाश	74
कुर्सी से चिपका कीड़ा	गोपालकृष्ण अडिग	76
स्टापू	ए. के. रामानुजन्	78
रोकना है न !	पी. एस. रामानुजम्	80
जगद्‌गुरु बन	गोपालकृष्ण अडिग	81
कल का ग्रन्थ	रामचन्द्र देव	84
सती	शशिकला वीरय्य स्वामी	86

कश्मीरी

नज़्म	माखनलाल 'बेकस'	89
ग़ज़ल	मुज़फ्फर 'आज़िम'	91
ग़ज़ल	माखनलाल 'महव'	92
ग़ज़ल	मोतीलाल 'साक़ी'	93
ग़ज़ल	प्यारे 'हताश'	94
रुफ़	अली मैदा	95
ग़ज़ल	मिर्ज़ा ग़ुलाम हसन बेग आरिफ़	96
कब फैले प्रकाश	अर्जुनदेव मजबूर	97
मेरा श्मशान कहाँ है	बृजनाथ 'बेताब'	99

गुजराती

सासणगिर में सिंहमय रात्रि	उमाशंकर जोशी	105
कविता नहीं लिखी जा सकेगी	लाभशंकर ठाकर	108
अपना तो	मफत ओझा	111
जड़ें	उशनस	113
आशीर्वाद	सितांशु यशश्चन्द्र	115
रुकावट के लिए खेद	इन्दु पुवार	118
मुझे आकाश से वंचित न कर	चिनु मोदी	120
मैं भार-रत	यशवन्त वाछेला	124
काली लड़की	मणिलाल पटेल	127

तेलुगु

अनन्त पुनरावृत परम्परा में	गुम्मनूरु रमेशबाबू	133
अन्तरंग में	सी. कामेश्वर राव	136
मुझे ऐसा ही···	भुवनगिरि नागराजु	138
अक्षय अक्षर	मददूरु श्रीनिवासुलु	140
जीवन-ज्योति	ताजुद्दीन बाबा	142
अक्षय कविता	कूचिभोटल वेंकटशास्त्री	145
जन-सम्पर्क	सी. नारायण रेड्डी	147
हे भगवान !	पी. वी. साईनाथ शास्त्री	149
इन्द्रधनुष	पातूरी रघुरामैया	151

पंजाबी

इस बार जीवित रहे तो···	जसबीर सिंह आहलूवालिया	155
हाथों का मज़हब	सोहन ढंड	157
पूरा एक साल	अम्बरीश	159
मोमबत्तियाँ	जगजीत बराड़	160
शरीर की जाति	देवेन्दर कौर	162
पाश आएगा	इक़बाल रामूवालिया	164
संगीत के पंख	प्यारासिंह सहराई	167
अंकुर	हरनाम	169
एक लता-सी	सरोद सुदीप	171

बांग्ला

माँ और बेटी	जय गोस्वामी	175
आधी रात अँधेरे पुल पर अकेले	समरेन्द्र सेनगुप्त	176
स्याह-सफ़ेद	नीरद राय	179
हिंसा	सुबोध सरकार	181
हिमशिला	विप्लव माझी	183
इसके बाद	बुद्धदेव दाशगुप्त	185
हे सखे !	सुभाष मुखोपाध्याय	186
कारोबारी	रफ़ीक आज़ाद	188
स्मृति-सन्तति	दिव्येन्दु पालित	190

मराठी

जंगल में आदमी	सुखराम हिवराले	195
बरोहें	कुमार अनिल	196
श्वेतपत्र	शरण कुमार लिंबाले	197
अनुभूति	आसावरी काकड़े	199
सलीब	दया पवार	200
मँडुए से लिपटी नागबेलि	भुजंग मेश्राम	201
मक्खी	शंकर वैद्य	203
मैं उलझा नहीं	अशोक नायगावकर	205
सर्पपत्र	नरेन्द्र बोडके	207

मलयालम

अद्वैत	मुल्लनेषि	211
उल्लू और चारण	पुतुश्शेरि रामचन्द्रन्	213
चादर	सावित्री राजीवन्	215
पिछला पृष्ठ	एस. उन्निकृष्णन्	217
अफ्रीका का चेहरा	मुतुकुळम् गंगाधरन् पिळ्ळै	219
अनदेखी अनसुनी	श्रीकुमारन् तम्पि	221
दवात और छत्रक	के. सच्चिदानन्दन्	223
जनवरी से	पेरुम्पुष गोपालकृष्णन्	225
कारागृह	अय्यप्प पणिक्कर	227

संस्कृत

मेरे देश की धरती	रमाकान्त शुक्ल	231
क्या बोलूं	बच्चूलाल अवस्थी	233
आज	विष्णुकान्त शुक्ल	234
क्या धर्म यही है ?	कपिलदेव पाण्डेय	236
निरस्त्रीकरण गीत	नलिनी शुक्ल	238
जापानी तान्का	हर्षदेव माधव	239
ध्यानभग्न वाल्मीकि	कैलासनाथ द्विवेदी	241
नहीं मालूम ?	विन्ध्येश्वरी प्रसाद मिश्र	243
विवशता	सीताराम द्विवेदी	244

सिन्धी

ग़ज़ल	ईश्वर आंचल	247
ग़ज़ल	एम. कमल	248
लाठी	महेश नेणवाणी	249
ग़ज़ल	अर्जन हासद	250
चक्रव्यूह	हरिकान्त	251
कौन है	नामदेव	253
आज की सिन्ध	कृष्ण राही	254
चौराहे पर घर	नन्द जवेरी	255
कुछ लघु काव्य	इन्द्रा वासवाणी	257

हिन्दी

उत्कृष्टता	उदय प्रकाश	261
गर्मियों की शुरुआत	मंगलेश डबराल	262
इस बार	कुमार अम्बुज	263
अकेले क्यों	अशोक वाजपेयी	264
पत्ते नीम के	कुमार शिव	265
कोशिश	इन्दु जैन	266
वह दीवाल के पीछे खड़ी है	सुदीप बनर्जी	267
चाहिए	नवीन सागर	269
'हे सर्वशक्तिमान् !	सुनीता बुद्धिराजा	271

परिशिष्ट

सहयोगी कवि और चयन-मण्डल 272

असमिया

1989

एक पिता	▭ कबीन फूकन
अपने लिए	▭ सनन्त ताँती
चिरश्री	▭ अनुभव तुलसी

1990

पर्वत के उस पार	▭ समीर ताँती
चिरैया	▭ नीलिम कुमार
कविता	▭ तोषप्रभा कलिता

1991

गीता-पाठ	▭ विपुलज्योति शईकिया
स्मृति	▭ दिलीप बरुआ
उत्सर्ग	▭ लुत्फ़ा हानुम सलीमा बेगम

रूपान्तर

नीता बैनर्जी

एक पिता

— कबीन फूकन

घुप्प अँधेरे में
जंगल की राह
रोके खड़ा था फन फैलाए
एक साँप

द्रुत गति से
लौट रहा था घर को
उसी राह से
बेचारा कँहूराम
और……
वो था एक अड़ियल साँप
दोनों कुछ देर रहे बेख़बर
एक दूसरे से

वे नहीं जानते
यही है जतु-गृह
न समझते हैं
फाँसी-बज़ार के
अन्धकार का कोलाहल,
अनजान हैं नागासाकि-से ध्वंस
के डर से, और
पम्पिया की प्रलय-कथा से भी

दुश्चिन्ता-ग्रस्त हो मैंने ही
देखा हो दुःस्वप्न शायद

अब इसी ऊहापोह में
हिम-शीतल मैदान में
हो पंछियों का कलरव
या वज्राघात
मेरी बस यही कामना है
सब कुशल-मंगल रहे !

अपने लिए

▭ सनन्त तांती

करता हूँ कृतित्व सारा
मैं अपने नाम
जितने हैं द्वार
जीवन-मरण के बीच
खोले हैं ख़ुद मैंने
प्रतिदिन
फ़िर ख़ुद ही आबद्ध हुआ
किसी वृत्त में,
अस्थिर हो
खोया मैंने ज्ञान-विवेक
तोड़ी सीमाएँ सभ्यता की
कृतित्व अपने नाम किया
उसका भी
बुझते-बुझते बुझाता रहा
एक-एक कर शिखाएँ
किसी अनचीन्हे गाम पर
उतरकर
शोक, अनादर से ख़ुद को
मिटाकर
साथ लिये सिर्फ़ आत्मा को मैं
रहा घूमता
करता हूँ कृतित्व इसका भी
अपने नाम।

चिरश्री

— अनुभव तुलसी

अभी तो हुई थी हमारी मुलाक़ात
पिछली रात
विजय इण्टरनेशनल के
भीतरी प्रांगण में
कोणार्क से कानों-कान आयी
छोटी-सी ख़बर फैली
जंगल की आग-सी
छू गयी जलस्रोत
चन्द्रभागा के

मुझे बुलवाया था तुमने
अनजाने जिस युवक से
आँखों में, चेहरे पर उसके भी थी
एक चंचल आभा
सागर-संगम की गुलाल-सनी संध्या-सी
मिले घाट पर फिर हम
दर्शन कर मन्दिर से लौटी
तब तुमने दी थी मुझे
ग्रेनाइट की मोमदानी

झाऊ के वन में लोगों की भीड़
अवसर न था करने को
कोई बात नीलकण्ठी
दोनों यूँ ही चलते रहे
थोड़ी-सी दूरी बनाये हुए

फिर भी
उस दिन बंगोपसागर की
सुनहरी बालू में, यों ही
फिसल पड़े थे हम
अकारण ही ।

पर्वत के उस पार

— समीर तांती

पर्वत के उस पार
कहीं लो बुझी दीपशिखा
इस पार हुआ धूसर नभ
उतरे पंछी कुछ अजनबी
नौका डूबी···

उस पार मगर वो पेड़
ताकता रहा मौन
मृदु-मन्द सुरीली गुहार
देता रहा कोई पीछे से
उतरी नयनों की गहराई
में सुन्दर हरियालो
लम्बी होती रही बौने तरु की
परछाईं अकेली
विगलित पोर उँगलियों के
बंसी टटोलते रहे रात भर
तारे सिसकते रहे
हुआ घाट निर्जन
धीरे-धीरे···

कोई किसी को भुलाता रहा
पत्ते सड़ते रहे सालों
ढहती रहीं राहें
पाने न पाने की कशमकश में

कम्पित दो अधर, और
रुका-रुका समय
उभरते रहे तन पर शहर के
चिह्न नये-नये क्रोध के
बिखरती रहीं अँधेरे में
जटाएँ संन्यासी की

मरघट में कुकुरमुत्ता
पनपते रहे, रेल चीखती रही
विवस्त्रा मुझे घेरे पड़ी रही
भूखी धरती धुँधलाई
वर्षा होती रही अनवरत
वर्षा होती रही अनवरत ।

चिरैया

— नीलिम कुमार

चिरैया नहीं जानती
क्यों है वो चिरैया
मैं उसके, केवल उसके
पंखों में सिमटकर
सो जाना चाहता हूँ
खो जाना चाहता हूँ
    उस नन्ही चिरैया से भी
    अधिक निःस्व हूँ मैं
    उससे भी अधिक आहत, धीमा
    है स्वर मेरा
जानती है वह उन पर्वतों को
जिनके पास जाता हूँ मैं
पहचानती है उन वनों को
पुकारते हैं जो मुझे
मेरे नाम से...
देखा है उसने अनिद्रा
के जाल में
उस पानी की बूंदों को
जिसमें कभी तिरी थी
जलकन्या अकेली
जिसकी नमकीन गन्ध
नहीं भूला आज भी मैं
    वही जिसके संस्पर्श से
    आँका था आकार नैशब्द्य का

जिसके आगे गुनगुना
पाया था रहस्य का सुर
कह पाया था ओस से
निकसे उजियारे की बातें
चमचमाती अस्थियों और
ख़ाली बोतल में भरे
शून्य की बातें···
और जिसे कह पाया था
छोटी-छोटी और लम्बी बातें
दु:खों की
यातनाओं की
वही चिरैया जो
जानती थी सब कुछ
बस नहीं जानती
वो क्यों है चिरैया

सूंघती है जो मुझे
मेरी साँसों में
गर्दन में, रोयें-रोयें में
गुंजित होता है स्वर जिसका
मेरे अन्तर में
अस्थि-मज्जा में
मैं उसके, केवल उसके
पंखों में सिमटकर
सो जाना चाहता हूँ
खो जाना चाहता हूँ

पर···
वह तो उड़ जाएगी
नन्हें-नन्हे पंख मारती
भारी-भारी बादलों पर
खुली हवा में तिरती-सी।

कविता

— तोषप्रभा कलिता

पहले थी शिशु-कविता
कैसी अकपट नग्न-निरंजन
करती शोभित किसी सरल
सुप्राचीन कृषक का मन:प्रांगण
अब उसकी मुझे नहीं मिलती
कहीं से कोई ख़बर

देखा था उसे कभी मैंने
ईश्वरीय रहस्य के मायावृत्त में
बाल-विधवा-सा पावन जीवन
बस रत्ती भर धर्म का प्रयोजन

ओह ! पकड़कर लाया कौन
बनाया उसे क्रीत दासी
पैरों में बाँधे नूपुर
लुभाने को राजा-प्रजा के चित्त
मनमोहक अलंकारों से सजा
तराश कर बनाया कण्ठ सुरीला
सँजोकर ताल-मात्रा-लय-सुर
छन्दों में बन्दिनी बना दिया !

धीरे-धीरे ऐसे ही वह
जन-गण की आत्मजा
बनी अभिजात बैठकों की
अनन्या, अपरिहार्य सज्जा

उच्च-वर्ग में हलचल हुई
परीक्षा-निरीक्षण गवेषणा चली
काट-छाँटकर आग्रही कवियों ने
बना दिया उसे इकेबाना-बॉनसाई

फिर एक दिन…
कथित पण्डितों के अस्त्रोपचार से
कविता के हृदय की रक्तधारा
स्तब्ध हो गयी

कुछ बुद्धिजीवियों के लिए
काम रह गया मात्र मनन
सोचा, ऐसे शायद कविता
रहे होकर चिरन्तन

कविता बनकर रह गयी
केवल मस्तिष्क की कारसाज़ी
दुरूह, दुर्बोध कोई जैसे
हृदयहीना, निष्ठुरा रमणी

न जाने किसने ला दिया
उसे अचानक
किसी संन्यासिनी का
अनन्य हृदय
जिसे पाकर कविता हुई धन्य
पुनर्जन्म पाया, हुई पूर्ण, ऋजु, अकपट
फिर से कविता बनी
वैसी ही सर्वत्रगामिनी
बन गयी है कविता अब
अस्त्र और फूल
शीत और बसन्त के

चाहे हो रात्रि या हो प्रभात
कविता के लिए नहीं है

समय-असमय, निशा या भोर
नहीं रही अब कविता
मौसमी कोई फूल
नहीं क्रीत दासी
उन पण्डितों की भी जो हैं अलस-विलासी

वहीं है कविता सदा
जहाँ मनुष्य है, दुःख है

करती हुई उजागर मानव-प्रमूल्यों को
सड़ी-गली मृतदेह
जब चीत्कार करते हैं
शकुन नभ में मँडराते
हिंस्र भेड़िये कर डालते
मृत शिशु के टुकड़े-टुकड़े
लपलपाती अग्निशिखा, धुआँ
कीचड़ और ख़ून एकमेक हुआ
पीछे छोड़ आगे बढ़ जाती है
अँजुरी-भर पुष्प चढ़ाती है
कविता देती है मृतक को
यथोचित सम्मान
गाकर जीवन के चिरन्तन
आह्वान का गान

कविता ही तो है मानव की
आकांक्षाओं का धन
छू सकती है बस कविता ही
जीवन—विशालायतन।

गीता-पाठ

— विपुलज्योति शईकिया

हे पार्थ ! यथार्थ यही है
तुम रुके नहीं, भ्रमण-रत हो
क्योंकि
ऐसे रुके रहने का अर्थ
भ्रमण ही है पार्थ !

चारों ओर तुम्हारे
पृथ्वी है गतिमान निरन्तर
कलियाँ खिलीं फूल बनकर
फिर गिरीं धरा पर मुरझाकर
नन्हे-नन्हे शिशु कल के
बने भयंकर युवक आज
मन में लेकर संकल्प कोई
ली बाँध कमर में छुरी
चिमनियाँ धुएँ के बने
जो कल तक थे हरे-भरे पहाड़

मानव-मन के भीतर-बाहर की
रुकी नदी अब बरस पड़ी
रुकी नदी की बरखा फिर
बरस-बरसकर नदी बनी है
लौट आयी हैं बेचारी चिड़ियाँ
हो चुका नष्ट नीड़ जिनका,
मानव की जीवन-सन्ध्या
की छाया

इतिहास के पन्नों में
दीर्घ से दीर्घतर होती हुई
खो गयी है घुप्प अंधेरे में

हे परिश्रान्त पार्थ !
इस रुकने का
अर्थ ही है भ्रमण
जीवन्त समय के बीच तुम्हारा
अन्तहीन है परिभ्रमण

यह सच है
है यह अवरोहण, पर
खेद का कारण नहीं
अब वास्तविकता है यही
और पार्थ,
वास्तव केवल कठोर ही नहीं
कभी-कभी होता है अर्थहीन
किन्तु फलों पर कर्मों के
तुम्हारा वश भी तो नहीं
तुम हो उपलक्ष्य मात्र
सीधे शब्दों में—कठपुतली
इस रुके भ्रमण को,
सुनो पार्थ,
अव्याहत रहने दो अभी ।

स्मृति

— दिलीप बरुआ

स्मृति मेरी क्षीण, अतिक्षीण।
सुकोमल श्रवण-शक्तिहीन, अतिहीन
प्रतिक्षण गुंजित घण्टे की टंकार
सुबह, शाम, शेष-निशा
लगातार
शिलामय इस पर्वत-शिखर पर
मुक्ति-पिपासु भिक्षुओं का रक्षक
किंकर्त्तव्यबिमूढ़ मैं
समय कहाँ चिन्तन का, स्मृति का ?
सदा व्यस्त है जीवन

मेरा है कर्त्तव्य भिक्षुओं को
प्रतिक्षण चौकस करना
चिरन्तन सत्य के प्रति
जो करके आये हैं अपने
जीवन का सर्वस्व विसर्जित
कहाँ समय इस सबके बीच
रोमन्थन स्मृति का करने
जब मैं स्वयं समझ न पाया
इस अनबूझ जटिल जीवन को !

मुझमें नहीं है साहस इतना
इन सबसे से कहने का
'ब्रह्मा के वांछित' जीवन से

मुक्ति की मुझे नहीं है चाह
कह दूँ यह यदि भिक्षु-दल से
मुझे विधर्मी समझेंगे ये

किन्तु शान्त होती है दुर्जेय
प्रतिध्वनि घण्टा-ध्वनि की जब
अनुभव अन्तस् में करता हूँ
प्रचण्ड प्रचेष्टा···मुक्ति की मैं
शिलामय पर्वतों में आबद्ध
नन्हे-से निर्झर की तरह
पर हाय ! श्रवण-शक्ति मेरी
है क्षीण, अतिक्षीण
कैसे पायें प्रत्युत्तर
इस सुकोमल व्यग्रता की

पूर्व-जन्म में नहीं मेरा विश्वास
पुनर्जन्म में आस्था नहीं
इसीलिए ये मुक्तिकामी
स्मृतियाँ हैं इसी जन्म की
पर सोचता हूँ कभी
यह वासना है या अभिज्ञता
दुष्प्राप्य की लालसा या कल्पना-विलास
अस्तित्वहीन है जो वह तो
केवल है स्मृति
असन्तुष्ट, आत्मकेन्द्रित
अतिप्रिय बिगड़ैल-सा मेरा
बाल-सुलभ मन !

इस भिक्षु-दल की
एकाग्र चिन्ता से कभी-कभी
हो उठता हूँ संत्रासित
जब
भगवत्-प्रेम में तन्मय ये

मन्दिर मन्त्र-मुखरित करते
सारी सुकोमल संज्ञा मेरी
जकर कहीं लुप्त हो जाती
तब सदूर सागर से स्मृतियाँ
लहरों-सी हैं आती
संजीवित कर समग्र सत्ता
सुख-स्वप्नों की वार्ता लातीं

आत्मगर्विता प्रेयसी की स्मृति
अयुत सूर्यालोक की प्रभा
कर गयी निष्प्रभ मन जिसका
उसी प्रेयसी की स्मृति है यह
जिसके नयनों में सुप्त रहा
प्रेमावेग आग्नेयगिरि-सा
जिसकी दृष्टि में तृष्णा मेरी रही
कम्पित अशरीरी शिखा-सी
तभी आत्मविलुप्ति के गौरव से
मैं हो पाया महीयान
वही स्मृति बनकर रह गयी
मेरे महानिर्वाण का ज्ञान।

उत्सर्ग

— लुत्फ़ा हानुम सलीमा बेगम

छुपा लिया था उन्होंने
वक्ष़ में अपने मुझे
जैसे वही हैं मेरे
माता, पिता, बन्धु सब कुछ

चैन से मैं सो गयी थी
खो गयी थी…

नींद जब टूटी तो देखा
वहाँ नहीं हूँ मैं
मैं तू हूँ
सागर में

न पा सकी मैं पिता को
न माता को
न ही
बन्धु को

ओह ! मैं अपने आपको
दे आयी किसे ?

उड़िया

1989

मॉनिका : जहाँ भी रहे — प्रसन्नकुमार मिश्र
हम लोग — रामकृष्ण साहू
तुम एक बार चाहो तो ! — सरोजिनी षडंगी

1990

आक्रोश — हरप्रसाद दास
तुम्हारे जाने के बाद — बनबिहारी पण्डा
समाधि — विजयिनी दास

1991

युद्ध — शत्रुघ्न पाण्डव
शान्ति — हुसेन रवि गांधी
प्रतिरूप — अपर्णा महान्ति

रूपान्तर
डॉ० राजेन्द्र प्रसाद मिश्र

मॉनिका : जहाँ भी रहे

▭ प्रसन्नकुमार मिश्र

काँची में
या
साँची में
जहाँ भी रहे मॉनिका
सुख से रहे।

याद करने से
कहीं उसे ठोकर तो नहीं लगेगी !
ठोकर लगने से
वह पुनः जाएगी मदुराई,
दीप जलाकर देवी मीनाक्षी के आगे
व्याकुल हो कहेगी—"हे माते !
बता दे मुझे, मेरे प्रिय कवि का पता।"

नहीं, भला क्यों याद करूँ उसे ?
जहाँ भी रहे···सुख से रहे।
एक दिन वह किंवदन्ती बन जाएगी
रही अगर वह काँची में।

शताब्दियों बाद
लोग कहेंगे—कभी
कावेरी-तट पर आती थी
एक नारी
आँखों में उदासी लिये
जो खो चुकी थी
अपने प्रिय का पता।

यदि रहेगी साँची में
बन जाएगी एक भास्कर्य ।

एक दिन खोयी हुई गाय ढूँढ़ते समय
पेड़ों के झुरमुट से ढूँढ़ निकालेगा बाँसुरी वाला
देखेगा वाकई सोचते-सोचते
पत्थर बन चुकी एक नारी
जिसके गले में लिपटा है एक साँप ।
मूर्ति देखकर
कहेंगे इतिहासकार
मॉनिका एक प्रतीक है
जिसका अर्थ है—चाहना ।

जहाँ भी रहे
खुश रहे मॉनिका
बेटी-बेटे का लालन-पालन कर सुखी रहे
छाती में दर्द उठे तो
अपने पति के सीने से माथा टिका
याद करती रहे कवि को
अपने प्रिय कवि को
अपने प्रिय को ।

हम लोग

— रामकृष्ण साहू

हम लोग जो
विष पोकर जी रहे हैं
तलवार की धार पर चल रहे हैं
आग की लगाम से बाँध
पागल रक्त का घोड़ा

हम लोग जो
वर्दीहीन सैनिक हैं
मानो हैं नंगे अवधूत,
हम लोग जो
बिना परवाह किये चले जाते हैं
अन्धे अविभावकों का नियन्त्रण

हम जो कुछ छीन लाये हैं
अन्यमनस्क समय के हाथों से
जो कुछ समेट लाये हैं शून्य से
रहस्यमय अँधेरे के गर्भ से

जैसे यह पत्थर,
जिसके केन्द्र में
एक कोमल हृतपिण्ड है,
जैसे यह फूल
जिसकी जरायु में
एक भ्रूणित सूर्य है,
जैसे यह दुःख
जिसकी पीठ पर सवार

एक स्वप्न है
आयुष्मान और हरित

लौटते वसन्त के
हम उन्मादित पहरेदार हैं
पर लाचार
शब्द तो पर्याप्त नहीं
अधिक से अधिक
एक रेखाचित्र
एक धुंधली छाया
एक अस्पष्ट गीत-स्वर है।

तुम एक बार चाहो तो !

— सरोजिनी षडंगी

मैंने तो बहा दिया ख़ुद को
तुम्हारे विश्वास के झरने में
मन्त्र-मुग्ध नाव बन,
मैंने तो खो दिया है ख़ुद को
तुम्हारी सत्ता के चैतन्य में
तुम्हारे निराकार मन के
अभेद्य क़िले में
स्वयं सिद्धा नारी बन ।
तुम्हारे संकेत मात्र से
बह जाऊँगी प्रेममय
विचित्र लय में
स्रोतस्विनी नदी बन ।

तुम एक बार चाहो तो
साल-दर-साल के सारे
अवरुद्ध मान, अभिमान
भूल-भालकर
माथा टिकाकर लोट जाऊँगी
तुम्हारे श्रीचरणों में
तीर से बिंधा स्वर बन;
तुम एक बार चाहो तो
तमस चीर
यज्ञकुण्ड भेद
अग्नि से निकल आऊँगी
तेजस्विनी याज्ञसेनी बन ।

आक्रोश

— हरप्रसाद दास

उसे कोई रोक नहीं पाया उस दिन

वह किसी की पुकार नहीं सुन रहा था
ना अस्वस्थ हवा की ना आतंकित बारिश की

वह उसी तरह बैठा था मुरारी
पानी के गिलास और प्रार्थना के बीच
दारुभूत।

कोई उसे देगा भी क्या ?

आग में तपी
तवे की इच्छा से
फूली दो रोटियाँ
भाप भरे अभिशाप की ?

जड़ें लपेटकर फटी दीवार को
सँभाले रहने का
अभिप्राय
आत्मीय पीपल का ?

बज्राघात से अब तक
न टूटी
एक कुर्सी
आत्मघाती चीत्कार के लिए
लकड़ी की ?

भोर के तार से बंधा, विभोर
युद्ध सारंग
असहाय वॉयलिन का ?

धुंधली
वर्णमाला
दूरत्व की ?

कोई कुछ नहीं दे सकता,
कुछ माँगना भी नहीं है उसे ।

उसे मालूम है,
वह उसी तरह बैठा रहेगा
असमाहित,
कोई उसका हल नहीं निकाल सकता
लेन-देन के गणित से ।

ना पानी के गिलास से
ना प्रार्थना से
ना रोटी से
ना दीवार से
ना कुर्सी से
ना वॉयलिन से
और ना धूल से···

जगने से पहले
वह सुनेगा
कम-से-कम एक बार,
आग के दरवाज़े के उस ओर
हँसी झरने की,

उसके बाद—
एक कपड़े बदल कर
दूसरे पहनेगा
आक्रोश के ।

तुम्हारे जाने के बाद

— बनबिहारी पण्डा

तुम्हारे जाने के बाद
समुद्र की लहरें स्तब्ध हो गयीं
आसमान में खो गये झाऊ वन के स्वर
बस एक विवर्ण आसमान
उसी में छिप गया चाँद।

कई शताब्दियों के बाद
प्रतीक्षा मेरी, सोचा था समाप्त हुई,
उसी दिन तुम आयी थीं
मुट्‌ठी भर रोशनी लिये
आसमान ने सिमटकर
रोशनी को चूम लिया था।

कई दिन और रातें
तुम्हारे लिए थीं एक अनन्त प्रतीक्षा,
बहती नदी पर
लकीर-सा
था वह अलीक मिलन;
तुम्हें देखने से पहले ही
पानी की लकीरें पानी में मिल गयीं
अपनी राह चुनकर तुम चली गयीं
मेरे जीवन से बहुत दूर
एक बार भी नहीं देखा तुमने पीछे मुड़कर
देखने को कई एक
अधगढ़े सोपान आशाओं के

पल भर के लिए
बीच में एक छोटा आसमान
उसके होंठों पर एक गुलाब
इस ओर मैं और
उस ओर थीं तुम
तुमने कुछ नहीं कहा
मैं कुछ कह नहीं पाया
फूल मुरझा गया
फैल गया आसमान
इस ओर मैं और
उस ओर
खो गयी तुम।

सीमित है यह जीवन
मैं चाहता हूँ भूलना
तुम्हारी सारी स्मृतियाँ,
मैं चाहता हूँ देखना
एक नयी सुबह का
एक नन्हा नया कौआ
अपने नये छप्पर पर
उसके होंठों पर एक नया स्वर

मेरी बाड़ी के पिछवाड़े
एक छोटा-सा झरना बह रहा होगा
उस चहले पानी में
एक परछाईं बह रही होगी
उसकी आँखों में होगा एक नया हस्ताक्षर।

समाधि

— विजयिनी दास

नहीं, मत बुलाओ मुझे
मत चहलाओ
मेरी तृप्ति-भरा अमृत-कलश
मैं इसी तरह बैठी रहूँ तरंगहीन झील-सी
थमे आसमान-सी
बारिश के बाद की पृथ्वी-सी।

मन्वन्तर बीत जाने दो···
जरा, मृत्यु और जीवन
आते रहें और जाते रहें।
रत्नाकर आत्मा मेरी इसी तरह
दीमक की बाँबी तले ध्यानमग्न, आत्मलीन रहे—
पाप छूता रहे और
पुण्य स्पर्श करता रहे।

सारे स्पर्शवादों से परे मेरी छुअन
यह अणु मात्र उपलब्धि मुझमें एकाकार हो जाय।

नहीं, मत बुलाओ मुझे
असंख्य सर्वनामों में से एक का नाम लेकर
जो नाम शेष था शरीर का आधार बना,
कर्म का आधार बना, धर्म का आधार बना
उस नाम से इस क्षण
ज़रा भी सम्बन्ध नहीं मेरा।

मत बुलाओ अब मुझे अपनी उस धरती पर
अथवा अपने कल्पित स्वर्ग में,
मुक्ति-निर्वाण का मन्त्र मेरे लिए है अर्थहीन
अर्थहीन है सांसारिक सुख
आत्म-विस्मृति से बढ़कर विस्मृत कवि के लिए
भला और क्या 'कवित्व का निर्वाण-मार्ग' होगा !

युद्ध

— शत्रुघ्न पाण्डव

कुरुक्षेत्र से कुवैत तक
धृतराष्ट्रों की आँखें फूट चुकी थीं
रक्त में जल रहा था अहंकार
घायल किये बिना नहीं लौटता
कोई भी अस्त्र
एक-एक अजातशत्रु आपस में जूझ रहे थे
कोई नहीं लौटता रणभूमि से।

अस्त्र भूल चुके थे मन्त्र
रक्त भूल चुका था रिश्ते-नाते
रणभूमि भूल चुकी थी पक्ष।

अथाह रक्त-नदी-तट पर
कोई नहीं था।

भूमि पर होने वाले परीक्षणों के लिए
मौजूद था अश्वत्थामा का नाराच।

शान्ति

— हुसेन रवि गांधी

मनुष्य बनना यद्यपि अभिशाप है
मैं मनुष्य बनूँगा।
शान्ति का प्रत्युत्तर यदि आग्नेयास्त्र है, तो
मैं शान्ति का श्वेत कबूतर बनूँगा।

फूलों की ख़ुशबू कभी-कभी
हालाँकि कइयों को यन्त्रणा देती है
फिर भी मैं फूल बनकर खिलूँगा
किसी अनजान उपत्यका के
अनचीन्हे पेड़ पर।

इन्द्रधनुष यद्यपि बाढ़ विपत्ति में
बारिश का हस्ताक्षर है,
तो भी मैं इन्द्रधनुष के
सातों रंग लगाकर चकमक दिखूँगा
धुँधले आकाश के सीने में।

क्योंकि मुझे देखकर
अनागत
भोली मुस्कान से
मेरा स्वागत करेगा।
और परित्राण का चिरन्तन पथ
यह हरित धरती
सुन्दर दिखेगी

कृष्ण-स्वर्ण रंग का
ज्वलन्त धूम कुण्डली नहीं है
हरित वर्ण अर्धेन्द्र बनकर बरसाएगा
चाँदी-सी चाँदनी।
प्रतीक्षा कर रही है
नूतनता के चिरन्तन यौवन के प्रवाह का।

बार-बार खो जाता है
ढूंढ़े जाने के लिए और
ढूंढ़ने से मिल जाने पर भयंकर दीखता है
जैसे, कुण्डली मारकर फुफकारता सर्प।
फिर भी, उस नागराज के मस्तक पर
अन्धकार भेदने के लिए मणि शोभा पाती है।

मुझे वही चमकीली
मणि चाहिए
शान्ति की मणि चाहिए
मैं शान्ति! तू शान्ति! वह शान्ति!
सभी तो शान्ति हैं।
ओम् शान्ति।

प्रतिरूप

— अपर्णा महान्ति

पास नहीं हो इसीलिए न !
कल्पना के सारें श्रेष्ठ रंग लगाकर
इतने सुन्दर दिख रहे हो आज !

विरह की छेनी से ठीक से
तराश-तराश कर
तमाम अनावश्यक
असुन्दरता
काट-छाँटकर
नाप-तौलकर
मिलन की अनन्य कला गढ़ देने-सा ।

कोणार्क की बोलती
स्पन्दित उस शिलामूर्ति-सी
पहले नहीं देखी थी
विच्छेद की यह माधुर्यमय भव्यता ।

मालूम जो नहीं था
अनन्त मिलन की यह
मुग्ध समाहित लगन
युग-युग बीतने पर भी
नहीं जाती
बीत नहीं जाती ।

तेरे चले जाने से
मैं ज़रा भी व्यथित नहीं हूँ
चुन चुनकर तेरी चाहत के एकान्त को
देख, देख न !
तेरे अनन्य प्रतिरूप
अपने लिए बनाये हैं मैंने।

उर्दू

1989

बीवा-ए-तर — बलराज कोमल

फ़ासले-फ़ासले — बशर नवाज़

हवें — साज़ीना

1990

आख़िरी दुआ — शहरयार

मैं सोचता हूँ — ज़ुबेर रिज़वी

मैं — बिल्क़ीस ज़फ़ीरुल हसन

1991

बन्द कमरा — अख़्तर-उल-ईमान

आख़िरी सच — निदा फ़ाज़ली

सिम्फ़नी — क़ाज़ी सलीम

लिप्यन्तर

शाहीना तबस्सुम

दीदा-ए-तर[1]

□ बलराज कोमल

तुम मेरे कोई नहीं
        और यह नन्हीं-सी जाँ
        कौन है ? कोई नहीं
मैं भी तुम दोनों को शायद
अजनबी लगता हूँ, शायद कुछ नहीं
ऐन मुमकिन है
कि रोज़-ए-हश्र[2] के इम्कान से ही क़ब्ल[3] हम
अपने-अपने रास्तों पर
रोज़-व-शब[4] चलते हुए
रेग-ए-नामालूम[5] के तूफ़ान में
ऐसे बिछड़ें, फिर कभी न मिल सकें ।

यह जो लम्हा बख़्त[6] में लिक्खा है
हम सब के, खुदा ने
क़ुर्ब[7] का, रंग-ए-तमाज़त[8] का
                लहू के जश्न का
काश, इस लम्हे में हम
बन्द कर लें अपनी आँखों में
                हसीं चेहरे, शगफ़े

---

(1) आँसुओं से भीगी आँख, (2) अच्छे-बुरे कर्मों के हिसाब का दिन—क़यामत, (3) पूर्व, (4) दिन-रात, (5) अज्ञात रेत, (6) भाग्य, (7) नैकट्य, (8) जवानी का रंग मुराद है ।

क़हक़हे, रौशन सितारे
लहलहाते जिस्म
मौज-ए-बर्क़[1] शौलों का तमव्वुज[2]
मौत के, तख़्लीक़[3] के अस्रार[4] सब
ख़ाना-ए-मौजूद इन सबके लिए
अब हमारे दीदा-ए-तर के सिवा कुछ भी नहीं

रस्म-ए-रुख़्सत[5] भी
कभी होगी मगर
लम्हा-ए-बेनाम की तहवील[6] में
(घर यह सच है मुख़्तसिर[7] है)
इस फ़ना-अंजाम[8] जलते
मुख़्तसिर घर के सिवा कुछ भी नहीं ।

---

(1) बिजली, (2) हिल्लोल, (3) रचना, (4) रहस्य, (5) बिदाई की रस्म, (6) सुपुर्दगी, (7) छोटा, (8) जिसका परिणाम मृत्यु हो ।

फ़ासले - फ़ासले

▭ बशर नवाज़

बहुत बातें हुईं, लेकिन
अभी तक दिल की धरती से
किसी पहचान की कोंपल नहीं फूटी
ख़्याल आता है कोई वहम[1] था वह भी
उफ़ुक़[2] के दो सिरों को
जैसे फूलों के किसी अनजाने पुल ने जोड़ रक्खा है
महक का सिलसिला पैग़ामबर[3] है
अन-कहे क़िस्से सुनाता है
धड़कते दिल
सितारों और कलियों की ज़बाँ में बात करते हैं।
ख़्याल आता है लेकिन जो ख़्याल अब तक न आया था
मैं ख़ुद भी रहगुज़र हूँ टूटते ख़्वाबों की
वह भी, आप अपना कोई सपना है।
कोई महकार, कोई पल
पराये ख़्वाब से
ख़्वाबों को अपने जोड़ता कब है ?
सभी बहलावे
दो-इक गाम[4] चलकर छोड़ जाते हैं।
अमानत अपने-अपने ग़म की
अपने-अपने सीनों में छुपा रक्खें।
तबस्सुम तो हर इक दुकान पर मिलता है, लेकिन
ग़म वह दौलत है जो सिर्फ़ अपनों से मिलती है।

---

(1) भ्रम, (2) क्षितिज, (3) संदेशवाहक, (4) क़दम।

तुम्हें है जुस्तजू[1] ख़ुशियों की
मुझको आरज़ू ग़म की
यह वह बिल्लौर है जो हर नये पहलू से इक मंज़र[2]
नया मंज़र दिखाता है।
शफ़क़[3] की लालियाँ इसमें
शबों की तीरगी[4] इसमें
धनुक के सात रंगों में नहाती आगही[5] इसमें
चलो ऐसा भी कर देखें
तुम्हारे साथ सारे ग़म मेरे
मेरी ख़ुशियाँ अगर कुछ हैं
तो वह सारी तुम्हारी हैं
मगर फिर ध्यान आता है
मेरी खुशियाँ तुम्हारे वास्ते ग़म
और तुम्हारे ग़म में ढल जाएँ तो क्या होगा ?
अधूरापन, अधूरेपन की कब तक्मील[6] करता है ?

---

(1) तलाश, (2) दृश्य, (3) ऊषा, (4) अन्धकार, (5) ज्ञान = जानकारी, (6) पूर्ति।

हद

— साजीना

मैं उसी दिन मर गयी थी
जिस दिन मैंने
अपने चारों तरफ़ घिरे
धुएँ के घेरे को फूँक डाला था
और कलंकित हो गयी थी
लेकिन मेरे अन्दर से झाँकते सैकड़ों चेहरे
और उनकी ख़ामोश निगाहों का सवाल
अब भी मेरे अन्दर ज़िन्दा है।

मैं हर लम्हा
इन सवालों को
अपने में जी रही हूँ।
एक लड़ाई है जो जन्म से लड़ रही हूँ।
जानती हूँ
इसका नतीजा भी
कोई चौंकाने वाला नहीं होगा
क्योंकि मेरे पास, इसके सिवा
और कुछ भो नहीं
कि मेरा दाहिना हाथ सलामत है
और उसे भी एक दिन
मेंहदी की लाली में डूबना है।

सवालों की हदें
एक और स्टोव के साथ
फट जाएँगी
लोग समझेंगे
एक दुनिया की तक्मील[1] हो गयी।

---

(1) पूर्णता=किसी काम की पूर्ति में कोई कसर न रहना।

आख़िरी दुआ

— शहरयार

आख़िरी दुआ माँगने को हूँ
आसमान पर, रात के सिवा, कुछ नहीं रहा
कौन मुट्ठियाँ, रेत से भरे
पानियों का रुख़, शहर की तरफ़, अब नहीं रहा।

कितने मुतमइन[1] लोग आज हैं ?
देर रात तक जागने का ग़म अब उन्हें नहीं
मैं भी चाँद का मुन्तजिर[2] नहीं
दिल ज़मीन से उसके नक़्शे-पा[3] सारे मिट गये
ख़्वाब देखना तर्क कर चुका[4]
किस सुकून से सो रहा हूँ मैं ?

ऐसा क्यों हुआ ?
आग जिस्म कब बर्फ़ हो गया ?

सोचता हूँ मैं
और सोचकर अपने आपके इस ज़वाल[5] पर
कुछ उदास-सा हो रहा हूँ मैं
आख़री दुआ माँगने को हूँ।

---

(1) सन्तुष्ट, (2) प्रतीक्षार्थी, (3) पदचिह्न, (4) छोड़ चुका, (5) पतन।

मैं सोचता हूँ

— ज़ुबेर रिज़वी

अजीब हैं यह हमारे रिश्ते
मैं शब[1] के माथे पे चाँद देखूँ
और उसकी आँखों में धूप खाते
सुनहरे साहिल की रेत चमके
मैं खिड़कियों को नये मनाज़िर[2] की सिम्त[3] खोलूँ
तो वह हवा की हथेलियों पर चिराग़ रख दे
चिराग़ की लौ जो कँपकँपाये तो उसको
अपनी हथेलियों की जलन से रोके।

अजीब हैं यह हमारे रिश्ते
कभी अना[4] के हिसार[5] में हम
असीर[6] होते हैं
और कभी हम
रफ़ीक़[7] बनकर अज़ाब सहते हैं मौसमों के
शफ़ीक़[8] बनकर
उदास लम्हों की तेज़ बारिश में भीगते हैं
जलावतन[9] बस्तियों में जाते हैं
गीत गाते हैं हिजरतों[10] के
दुखे क़बीलों को बाँट आते हैं
लम्स[11] अपनी मोहब्बतों के

---

(1) रात, (2) दृश्य, (3) दिशा, (4) अहम, (5) परिधि, (6) क़ैद, (7) दोस्त, (8) मेहरबान, (9) निर्वासित, (10) प्रवास, (11) स्पर्श।

अजीब हैं यह हमारे रिश्ते
मैं चाहता हूँ
फ़ज़ा को बारूद के धुएँ से बचाये रक्खूं
परों की जुंबिश[1] से आसमां का
जमाल[2] यूं ही बनाये रक्खूं

मैं सोचता हूँ
गुलाब रुत में हमारा अब कि जो सामना हो
हम अपने हाथों में
गर्मजोशी की धूप भर लें
स्याह शब की हथेलियों पर
चिराग़ रख दें
रफ़ीक़ बनकर, शफ़ीक बनकर
ज़मीं, समन्दर, हवा
पहाड़ों के दामनों पर
धनुक के रंगों से
अपने प्यारों के नाम लिक्खें
मोहब्बतों के सलाम लिक्खें

---

(1) हिलन—गति, (2) सौन्दर्य।

मैं

— बिल्क़ीस ज़फ़ीरुल हसन

कोई गिला तुझसे
शिकायत कुछ नहीं है
तेरी ही तरह मैंने भी
लिखे हैं ऐसे अफ़साने
निहायत पाक-तीनत[1], बेख़ता
मासूम कैरेक्टर तराशे
फिर उनको दर्द, नाकामी, ग़म व हसरत[2]
सज़ाएँ और रुसवाई[3] अता[4] की है

कभी उनको चढ़ाया
बे-गुनाही की सलीबों पर
कभी तन्हाइयों के
अन्धे ग़ारों[5] में धकेला है
कभी ख़ुद उनके सीने में
उतारे उनके ही हाथों से वह ख़ंजर
ज़ख़्म जिनके
मुंदमिल[6] हो ही नहीं सकते

मगर चारा भी क्या था ?
हर अफ़साने को
अफ़साना बनाने के लिए यह सब
हमें करना ही पड़ता है

---

(1) सत्यकृति, (2) अभिलाषा, (3) बदनामी, (4) प्रदान, (5) गुफाओं, (6) घाव भरना।

तेरी मजबूरियाँ
गर मैं न समझूँ
कौन समझेगा ?
मुझे जिस तरह भी
तूने लिखा है
ख़ूब लिक्खा है !

बन्द कमरा

▭ अख़्तर-उल-ईमान

कभी जो खोलता हूँ क़ुफ़्ल[1] धूल में लिपटे
अधूरे ख़्वाब जवाँ-मर्ग[2] ख़्वाहिशें जज़्बे
शिकस्त-ख़ुर्दा-ए-ग़म[3] ना-रसाई[4] के मारे
जवानियों की खिली चाँदनी के अफ़साने
सुकूँ-नवाज़[5] हँसी के हज़ारहा[6] फ़ितने[7]
बग़ावतों के अलम[8] किर्म-ख़ुर्दा[9] हंगामे
हज़ार शोरिशें[10] अज़्मे-जिहाद[11] साथ लिये
खनकते क़हक़हे कमसिन शरीर बच्चों के
ख़ुशी मलाल के ग़मदीदा[12] ग़मरुबा क़िस्से
ख़ामोशियों की रिदा[13] ओढ़े देखते हैं मुझे
उन्हीं में मोहर-बलब[14] तेरी ख़ैरबाद भी है
उन्हीं में तेरा करम, बिस्त[15] और कुशाद[16] भी है

---

(1) ताला, (2) युवावस्था में मरे हुए, (3) ग़म से पराजित हुए, (4) पहुँच न होना, (5) शान्ति प्रदान करने वाले, (6) हज़ारों, (7) उपद्रव, (चंचलता से उत्पन्न), (8) झण्डे, (9) कीट-खाये, (10) विद्रोह=उन्माद, (11) जिहाद का इरादा, (12) दुखित, (13) चादर, (14) ख़ामोश, (15) बँधा, (16) खुला ।

आख़री सच

निदा फ़ाज़ली

वही है ज़िन्दा
गरजते बादल
सुलगते सूरज
छलकती नदियों के साथ है जो
ख़ुद अपने पैरों की धूप है जो
ख़ुद अपनी पलकों की रात है जो
बुज़ुर्ग सच्चाइयों की राहों में
तज्रबों[1] का अज़ाब है जो
सुकूं[2] नहीं इज़तिराब[3] है जो

वही है ज़िन्दा
जो चल रहा है
वही है ज़िन्दा
जो गिर रहा है, सँभल रहा है
वही है ज़िन्दा
जो लम्हा-लम्हा[4] बदल रहा है।

दुआ करो, आसमाँ से उस पर कोई सहीफ़ा[5]
उतर न आये
खली फ़ज़ाओं में
आख़री सच का ज़हर फिर से बिखर न जाये
जो आप अपनी तलाश में है
वोह देवता बनके मर न जाये।

---

(1) अनुभवों, (2) शान्ति, (3) व्याकुलता, (4) क्षण-प्रतिक्षण,
(5) पवित्र ग्रन्थ।

सिम्फ़नी

— क़ाज़ी सलीम

हवाएँ गुज़रतीं—तो सोचती ही नहीं
कि ख़ुशबू कहाँ से मिली थी
उन्हें हर गली
हर चमन से गुज़रना है
ख़ुशबू को दामन में भरना है
फूलों से क्या वास्ता है।

जड़ें सारे पौधों की
बे-मौज उतरती हैं पानी की तह तक
उन्हें सिर्फ़ मिट्टी में धँसना है
हर घड़ी खोज करना है
ख़ुद जान लेंगी
कि पानी का मिट्टी का क्या राब्ता[1] है।

लहू मौज में हो
थपेड़ों में हर जिस्म बहता है
आहंग[2] में मौज-दर-मौज ढलता है
हर मौज अनजाने ख़्वाबों की परदाख़्ता[3] है।

उधर आसमाँ से परे
किसने देखा है
आवाज़ पर दिल की लब्बैक-लब्बैक[4] कहते हुए

---

(1) सम्बन्ध, (2) लय, (3) पोषित, (4) मौजूद हूँ, मौजूद हूँ।

सभी आसमानों पे अपने ख़ुदावन्द तक जा पहुँचते हैं
.........चलते रहो
घनी-नींद में चलने वालों के मानिन्द चलते रहो
अन्धी गुफ़ाओं में बाँधे तिलिस्मात[1] के
सारे दरवाज़े
खुलते हैं जाकर उसी मोड़ पर
जो वादे की मंज़िल है
गुमगश्ता[2] जन्नत से आरास्ता[3] है
घटाटोप अन्धकार में
इस दश्ते-असरार[4] में
पाँव
बढ़ते हुए पाँव
ख़ुद जानते हैं
अंधेरों में अटकल से चलने का क्या ज़ाब्ता[5] है ?

लहद-दर-लहद[6]
एक ही जैसी अनगढ़ ज़मीं है
हमारी तुम्हारी तरह
एक ही जैसे अच्छे बुरे लोग हैं
एक ही जैसा हर रास्ता है।

---

(1) मायाजाल, (2) खोई हुई, (3) सुसज्जित, (4) रहस्यमयी जंगल, (5) नियम, (6) क़बर-दर-क़बर।

कन्नड़

1989

एक घटना — जी० एस० शिवरुद्रप्पा
दीन पराधीन — पी० एस० रामानुज
सिंहावलोकन — एच० एस० शिवप्रकाश

1990

कुर्सी से चिपका कीड़ा — गोपाल कृष्ण अडिग
स्टापू — ए० के० रामानुजन्
रोकना है न ! — पी० एस० रामानुजम्

1991

जगद्‌गुरु बन — गोपालकृष्ण अडिग
कल का ग्रन्थ — रामचन्द्र देव
सती — शशिकला वीरय्य स्वामी

रूपान्तर

बी० आर० नारायण
(श्रीमती) कमल नारायण
अजय कुमार सिंह

एक घटना

▭ जी० एस० शिवरुद्रप्पा

चिलचिलाती धूप भरी दोपहर
केवल दो : लक्ष्मण और रघुवर
फैला दण्डकारण्य चहुँ ओर
सीता विरह से शोक दग्ध, राम
थे प्यासे

दीखती नहीं थी कहीं भी पानी की बूँद
चलते चलते अन्त में
मिली पतली-सी पानी की धारा
दोनों रुके : किनारे की रेत पर
उतार धनुष धँसा दिया रेत में

धोकर मुंह पिया पानी
मन उत्फुल्ल हो उठा
धनुष उठाने आये राम तो देखा
किनारे की सीलन में
उनका टिकाया धनुष बींध गया था
एक मेंढक की पीठ

अरे ! यह कैसा अन्याय जल्दी में
मैंने कर डाला ! अरे ओ मेंढक भाई !
तुम क्यों रहे मौन
जब मैंने धनुष धँसाया ?

ओ करुणानिधान, कोई और
करता ऐसा, तो सच ही में मैं
करता तुम से प्रार्थना प्रभु !
अब जब तुमने ही बींध डाली पीठ
तब करूँ किससे प्रार्थना रक्षा की ?

(रूपान्तर : कमल नारायण)

दीन पराधीन

□ पी० एस० रामानुज

मेरी प्रतिभा है संवत्सर के समान
उसमें छह ऋतुओं की लगती है पैंठ
कभी आती है वर्षा ऋतु
मालूम नहीं व्यर्थ कि सार्थक
बहती है कविता निरन्तर धाराकार

कभी आती है जलती गर्मी की ऋतु
एकदम सृजन का हो जाता है अभाव
नीरवता करती है भाँय भाँय
पर आया वसन्त अगर एक बार
होतो है अनन्त रस-सृष्टि

दूसरी ऋतुएं भी
इसी तरह आती जाती हैं
एक के बाद दूसरी

मेरी सृजन-क्रिया भी है उनके अधीन
उनमें परिवर्तन लाना
सम्भव नहीं मेरे हाथों
दीन पराधीन हूँ मैं, दीन पराधीन।

(रूपान्तर : कमल नारायण)

सिंहावलोकन

— एच० एस० शिवप्रकाश

एक सिंह ने दर्पण में झाँका
बोला—देखो दर्पण है मेरे जैसा

एक खरगोश ने दर्पण में झाँका
बोला—देखो दर्पण है मेरे जैसा

एक बिल्ली ने दर्पण में झाँका
बोली—देखो दर्पण है मेरे जैसा

एक चूहे ने दर्पण में झाँका
बोला—देखो दर्पण है मेरे जैसा

दर्पण मेरे जैसा, दर्पण मेरे जैसा
शुरू हो गया एक गम्भीर वाद-विवाद
इन चारों के बीच
चारों ने झाँका एक साथ दर्पण में
अरे !
दर्पण सबकी तरह था
किसी एक की तरह नहीं

सबको गुस्सा आया
एक दूसरे पर
दर्पण पर

शुरू हो गया युद्ध
बिल्ली ने गड़प लिया चूहा
सिंह ने खरगोश को गड़प लिया
फिर सिंह ने बिल्ली को ललकारा
सिंह ने बिल्ली को गड़प लिया

अन्तिम युद्ध के लिए
दर्पण और सिंह तैयार हुए
उसके कहने जैसा कहने वाले
उसके दहाड़ने जैसा दहाड़ने वाले
दर्पण के अन्दर वाले सिंह पर
दर्पण से बाहर वाले सिंह को
अपार ग़ुस्सा आया
सिंह ने तोड़ डाला दर्पण
चूर-चूर हुआ दर्पण

चूर-चूर हुए दर्पण में भी
चूर-चूर सिंह दिखने पर
चूरे पर दहाड़ते, रौंदते उसे
सिंह भी बैकुण्ठवासी हो गया।

(रूपान्तर : अजय कुमार सिंह)

कुर्सी से चिपका कीड़ा

— गोपाल कृष्ण अडिग

इन क्षुद्र चूतड़ों से कुर्सी का चिपकना
एक लम्बी कहानी है।
काले को सफ़ेद और सफ़ेद को काला बना
जिस किसी तरह अपनी दाल गला लेता था यह आसामी
राजवंश की पूँछ पकड़ ज्यों त्यों
आँधी उठने पर पुछल्ले की एक कतरन बनकर
उड़ रहा था। अकस्मात् भारी कुर्सी
की पीठ से चिपकना पूर्व जन्म के पुण्य का
परिपाक मानकर फूला नहीं समाया यह मण्डूक

हँसी आती है मुझे यह तमाशा देख,
इस गिद्ध को अपने चूतड़ों से चिपकी कुर्सी समेत
इधर उधर चक्कर काटते देख
कहाँ से आयी चिपकन ? कृत युग से या त्रेता से
चली आयी होगी यह बात ! कुछ भी करो
छुटती नहीं यह कुर्सी।
झटक झटककर लगता है रीढ़ का जोड़ खिसक जाएगा
खींचते खींचते बाजुओं के जोड़
ढीले पड़ जाएँगे, पता नहीं कौन-सा नसीब !
इस सदासन के सदा शव की चाल पर हम
शरणागत हो जाते हैं। आपका क्या कहना है ?
यह हमारा भाग्य ही होगा !
इस आवारे का नाटक कितना अच्छा है
मरणानन्द है न दर्शकों के लिए !

इस कुर्सी वाले की दशा देखिए
उठ नहीं पाता, ठीक से बैठ नहीं सकता, धरती की ओर
नज़र घुमा नहीं सकता। दीवट पर
जला दीप देख नहीं पाता। पास के कमरे में
ढोल की आवाज़, विचित्र विकृत हँसी
भैंसे की हुंकार, भैंसे के सवार
के हाथों में चमक रहा है पाश।
इसे इस सब का अनुभव ही नहीं होता
ज़रा समझ पड़ने पर भी, भयभीत काँपने पर भी
सशरीर उठ नहीं सकता—अहा-हा ! विधि के
विधान के फन्दे में
फँस चुका है यह आसामी।
अहा हा ! सर्वाधिकार का आभास,
भारत के अच्युत आदर्श का कैसा परिहास !
फिर भी देखिए इसी पीठ के कीट की कूद-फाँद
इस-उसके आकर सलाम बजाने
मुख-स्तुति करके खींसे निपोरने पर
गम्भीरता से फूला नहीं समाता, झूमता है
इन्द्र पद पाये नहुष जैसा
दिखाता है अपने को यह गँवार !
आत्मतृप्ति की मुस्कान बिखेरकर दिखाता है दाँत
स्वगत भाषण में मन के मोदक खाता
नहीं जानता यह मूरख, इसे सलाम
बजाने वाला बाहर आकर बन्दर की तरह
नकल करके दिखाकर मुँह बना-बनाकर
हँस-हँसकर हो जाता है लोट-पोट
पूर्वजन्म का पुण्य चुकता होते ही गिरेगा
हवा-निकले पिचके मोरी में गिरे गुब्बारे-सा
स्वयं को तोप समझने वाले का अब कैसा होगा हाल
दो दिन का सिर फिरा यह छोकरा
कुर्सी से चिपका यह कीड़ा। आपका क्या ख़याल है ?

(रूपान्तर : बी० आर० नारायण)

स्टापू

— ए० के० रामानुजन्

यह चतुरंग
नहीं, घर की पिछली गली का
स्टापू का खेल है।

दोनों टाँगों पर सारी देह सँभाले
एक ख़ाने से दूसरे ख़ाने में फेंकते हैं स्टापू
उसी को पाने लँगड़ी टाँग से ठोकर मार
अगले छोर पर पहुँचते हैं, क्षण भर को
दोनों टाँगें टिका सुस्ताते हैं
झट से मुड़कर लँगड़ी टाँग से
जहाँ से चले थे, ठोकर मार
वहीं आ पहुँचते हैं—मसें
भीगने से पहले। लड़के
भी सुध-बुध खोकर
यही खेल खेलते हैं—लड़कियाँ भी यही
खेल खेलती बड़ी हो जाती हैं
हमारे घर की।

गली का यही खेल
अफ्रीका में, जर्मनी में देखकर
अचरज हुआ। बम या पोलियो
आदि के शिकार न हुए हों तो
गोरे, काले, पीले रंग वाले
सभी बच्चे खेलते हैं यही खेल

खेल ही ऐसा है
पड़ोस में अफ्रीका
सामने के घर में जर्मनी

बचपन में खायी सड़क की माटी में
विश्वरूप देख लेने वाले सा, क्षण भर को
हक्का-बक्का रह गया मैं।

(रूपान्तर : बी० आर० नारायण)

रोकना है न !

▭ पी० एस० रामानुजम्

कितनी बसी है रक्त की बास इस धरती में
कितने लोग मरे, कितने लोग रोये
दुर्दैव है यह, आश्चर्य है यह
तब भी धरती घूमती ही रही
क्षण भर को भी भूलकर रुकी नहीं
भूमि त्यागने वाले उन अनन्त जीवों के लिए
एक क्षण का मौन भी
नहीं रक्खा गरजते सागर ने
दहाड़ती आँधी ने;
क्षण भर को रुके नहीं सूर्य चन्द्र
भूमि से उठे घोर क्रन्दन को सुनकर भी
लोकान्तरों से बात बात पर पुष्पवृष्टि
करने वाले गन्धर्व, किन्नर, देवताओं ने
झाँका तक नहीं उस ओर
सर्व अन्तर्यामी कहाने वाले
उस भगवान ने भी चूँ तक नहीं की
बहती रही रक्तधार निरन्तर
बहती चली दूसरे नदी-नालों के संग
समुद्र की ओर—सागरं प्रति गच्छति सा
ऐसे ही बहती रही तो मुझे है डर
रुद्र समुद्र में कहीं न आ जाय प्रलयंकारी ज्वार
हमारी सदानीरा नदियाँ ही चाहिए हमें
जीवों के रक्त की नदियाँ नहीं चाहिए हमें
रोकनी हैं न ये रुधिर की लाल नदियाँ !
पोंछनी है न हमें मृतकों, जन्मदाताओं की अश्रुधाराएँ !

(रूपान्तर : बी० आर० नारायण)

जगद्‌गुरु बन

— गोपालकृष्ण अडिग

तब का जगद्‌गुरु—अब केवल पूँछ भर है
पाश्चात्य देशों के लिए यह हमारा भारत।
विद्यार्जन के लिए प्रतिदिन
विमानों से करते प्रयाण इंग्लैण्ड अमेरिका
हमारे धीमान युवजन
जगद्‌गुरुओं के तपोवन को
तक्षशिला, नालन्दा, सभी को यहाँ से
दे दिया देश-निकाला कभी का

अब हमारी सारी विद्या
हमारा आत्मज्ञान, हमारी अन्तर्दृष्टि, धीमत्ता
हैं केवल डींग मारने की बातें। हम अब
पतंग के पुछल्ले की तरह तनिक उड़कर
गिर रहे हैं गन्दी मोरियों में।
वहाँ सितारों को देखते, वर्णन करते
चन्द्र, सूर्य, ग्रहों के तेजोरूप को
दीखने न दीखने पर भी
बार बार उन्हीं की गप हाँकते हैं
प्रशंसा किये जाते हैं। पर वहीं
सड़ रहा है भारत का दिव्य जनसमूह।
गन्दे पानी में बिजबिजाते कीड़ों-सी
सन्तान अभिवृद्धि को सदा सन्नद्ध हैं
हमारे गुरुजन।

तब का भारत अब हो गया कंगाल। उसे ही
तीन पैसे में बेच, चबैना खा, लुटाने को
लाखों हाथ-पाँव तप में जुटे हैं। सारांश में
चमचे ही हैं ज़्यादा,
एक कप कॉफी के लिए
संस्कृति ही बेचने को तैयार
यह सींकिया लोग।
यहाँ सत्ताधारी राक्षसों के पीछे,
स्वयं खा और अपनों को खिला, भारत को ही
समाप्त कर डालने है विराजमान
गाँव-गाँव में
हमारा यह नवीन राजवर्ग।

हमारी राष्ट्रभक्ति खोखली है
हम अपनी पीठ स्वयं ठोककर इतराते हैं
अपनी गरिमा स्वयं बखानने वाले दरिद्र हैं हम
कभी कोई कह दे एक अच्छी बात
सहस्र कण्ठों से दोहरा कर उसी को
प्रचारित करते रहते हैं
पूरे देश में।
हमारी आज की
दीनता किंकरता को भुलाने का प्रयास करते हैं
हमारे भारत के बन्दीजन।

अब छोड़नी होगी सिर झुकाने की वह आदत
अपने पूर्वजों की यशोगाथा बखानते, आलस-भरी
शैया त्याग कर, कमर कसकर करना होगा
स्व कर्त्तव्य—स्व के लिए, देश के लिए
आत्मा की सतत आरोग्य
सम्पदा के लिए शरीर को थकाना होगा।
फिर से कर्मयोग को
देनी होगी महत्ता

जगद्‌गुरु बनो या न बनो
पर इतना हो कि संसार पहचान जाय
अन्तर के प्रकाश का
अनुसरण कर, परिशुद्ध हो
सशरीर आत्मोन्नति कर
इस जीवन को बनाओ सफल
विवेकी स्वतन्त्र मानव के रूप में
बढ़ो, भारत पर भार न बनो !

(रूपान्तर : बी० आर० नारायण)

कल का ग्रन्थ

— रामचन्द्र देव

कल मैं एक महाग्रन्थ प्रारम्भ करने वाला हूँ
नेस्ट्रोडमस् के ग्रन्थ जैसा
आगे किस शताब्दी में कहाँ और किस गाँव में
पड़ेगा अकाल, होंगी नरहत्याएँ, कौन-सी
संस्कृति कब्र में धसेगी
लोगों के दुर्भाग्य मिलकर
पक्षियों के कलरव-सी बातों में
चक्रबन्ध के समान चित्रों में
लिखने वाला हूँ कल
नेस्ट्रोडमस् के ग्रन्थ जैसा।

आने वाले हैं उसमें ये शतमान
उनके गीत उनके ऋतुमान
देवस्थानों में भरे होंगे शस्त्रास्त्र
पैंठ के दिन एक बच्चा ढूँढ़ेगा अपनी माँ को
घर का मालिक होगा लापता
थाली में रखे कटे तरबूज पर बैठेंगे भुनगे
अन्त में वह भी सड़-गल जाएगा।

कल मैं, एक महाग्रन्थ प्रारम्भ करने वाला हूँ
नेस्ट्रोडमस् के ग्रन्थ जैसा
लिखूंगा उसमें छूट रहे एयरपोर्ट के बारे में
उसके रन-वे के बारे में
ऊर्ध्वमुख विमान के बारे में
मिट्टी में धँसे चक्कों के बारे में
टूटे पंखों के बारे में

लिखूंगा मैं इस धरती के खिसक जाने के बारे में
स्खलन से हुए सर्वनाश के बारे में
फैलने वाले आदि अन्धकार के बारे में
वहाँ भटकते वृहदाकार प्राणी के बारे में
एकाकी मानव के बारे में
उसकी पसलियों के बारे में
उससे सृजित होने वाली प्रथम कलाकृति के बारे में

कल मैं एक महाग्रन्थ प्रारम्भ करने वाला हूँ
नेस्ट्रोडमस् के ग्रन्थ जैसा।

(अनु० : बी० आर० नारायण)

सती

— शशिकला वीरय्य स्वामी

प्रेम माने क्या है पता है मित्र ?
मात्र मेरे होंठ, कटि सहलाकर
रमना नहीं
मात्र बातों का महल बना
उसमें दफना देना नहीं।
आओ कम-से-कम एक बार
भीगो मेरे आँसुओं में
दुखी होओ मेरी यातनाओं में
गर हो सके तो।
सदा मेरे स्पन्दनों को रौंद
जब आलिंगन में कस लेते हो तब सच कहूँ
तुम्हारे दृढ़ आलिंगन की रसवेला में, मित्र
पाती हूँ स्वयं को नीरस असुरक्षित
रुंधे तन, और
मन की पीड़ाओं के बीच
भीतर-ही-भीतर बिलखती
पर बाहर से हँसती मैं
इस कब्र में ले रही हूँ समाधि
जो हम दोनों के बीच बनी है।
तुम्हारी उदासीनता के निष्पन्द
अँगारों के ढेर पर
जलती उस प्रेम की चिता में
मैं तुम्हारी सती
तुम्हारे जीते-जी ही
तुम्हारे सामने ही इस तरह
'सती' होती जा रही हूँ।

(रूपान्तर : कमल नारायण)

कश्मीरी

1989

नज़्म	माखनलाल बेकस
ग़ज़ल	मुज़फ्फर 'आज़िम'
ग़ज़ल	माखनलाल 'महव'

1990

ग़ज़ल	मोतीलाल 'साक़ी'
ग़ज़ल	प्यारे 'हताश'
रुफ़	अली शैदा

1991

ग़ज़ल	मिर्ज़ा ग़ुलाम हसन बेग़ आरिफ़
कब फैले प्रकाश	अर्जुनदेव मजबूर
मेरा श्मशान कहाँ है	बृजनाथ 'बेताब'

रूपान्तर

बृजनाथ 'बेताब'

नज़्म

□ माखनलाल बेकस

क्या पता याद अब भी हो आता तुम्हें
थी कभी जो बसन्त में छाँव घनी
धूप फैली हुई दूर तक
देर तक
वो साये तले पेड़ के बैठकर
वो वनफूल से खेलना छेड़ना
झाड़ियों के तले
जैसे धानी गलीचे को हो सेतना
वो पेड़ों के झुरमुट में
प्रपातों की लय पर मचलती हुई
मेरी प्यासी नज़र
वो आषाढ़ की दोपहर को मेरा—
तपते टीलों से होकर गुज़रना
तो फिर
शीतल समीर का मोह पालना
रूप मोहक तेरा
सुगन्ध ही सुगन्ध
चिनारों की लम्बी कतारों के बीच
शान्त बैठी हुई
वो छाँव घनी
वो यौवन हमारा
कि जिसमें कभी बोलते थे नयन
शान्त होता था मन
हरारत कि जिससे पिघल जाती थीं
बर्फ़ की चोटियाँ

क्या पता याद अब भी हो आता कभी
थी कभी जो बसन्त में छाँव घनी
धूप का फैलना
दूर तक, देर तक
था वो भी समय
अब यह दिन आ गया
ढल गयी है बसन्त की छाँव घनी
वो शीतल समीर न मेरा रहा
यौवन हमारा न यौवन रहा
हो गया सूर्य अस्त
ऐसा डूबा कि फिर न उभर आ सका

जब वो शीतल घनेरी छाँव ढली
ग्रीष्म के ताप से काया जली
तो फ़ुहारों से सावन के
शीतल हुए
प्रेम के रास्ते
अब तो पतझड़ के मौसम में आने लगा
चाँदनी में निखार
हर दिशा से नज़र में समाने लगे
फूल कलियाँ बहार
नीले अम्बर में उड़ने को दिल बेकरार

आज धड़कन का बदला हुआ है साज़
तेरी आँखों का कुछ और है अन्दाज
तेरी आभा सजी सोलह शृंगार से
तू सुगन्ध ही सुगन्ध
शान्त बैठी हुई
चिनारों की लम्बी कतारों के बीच
रूप मोहक तेरा
मेरी थकती नज़र
याद अब भी हो आता, तुम्हें
क्या ख़बर

ग़ज़ल

▭ मुज़फ्फर आज़िम

शमा की लौ से सँजोयी शाम
लालिमा में अपनी डुबोयी शाम
सूखे गले से क्या कुछ कहा
पसीने से भिगोयी शाम

जब आया चाँद का पता लाया
महीने-दर-महीने आजमायी शाम
एक-एक मोती से दामन भरा
सुख नगरी में झुलायी शाम

अपने गीतों में पिरो दूँ
इसी ख़याल में खोयी शाम
तारों से शृंगार किया
ऊबी हुई जगायी शाम

धीमे बोल, किया मन हलका
गर्म साँसों से तपायी शाम
भेंट में प्रातः धूप को दी
रात गोद में सुलायी शाम

जैसे मैं भी हूँ 'आज़िम' साहब
क्या-क्या रूप सजायी शाम
आँखों में धूप खिलायी
सीने में छुपायी शाम

व्यंग्य / ग़ज़ल

— माखनलाल 'महव'

आशिक करेंगे जो कभी हड़ताल हे सुनो !
टूटेंगे दिलबरों के सुर-ताल हे सुनो !

मारता है ठोकरें महबूब दिल को रोज,
जैसे ये क्रिकेट बॉल या फुटबाल हे सुनो !

कैसे कहूँगा मैं उसे मनमोहक, दिखाये,
बोली का सूट पहन जो चाल हे सुनो !

जानता हूँ सच अगर इस युग में कहूँगा,
नोचेंगे रास्ते पर मेरे बाल हे सुनो !

बिगड़े हुए बच्चे को करे नसीहत पिता,
रोएगा जैसे हो कोई वो शाल[1] हे सुनो !

'नागिरा'[2] इस युग में होता हिप्पी रूप में,
मेम जैसे बाल रखती 'हीमाल'[3] हे सुनो !

---

(1) लोमड़ी (कश्मीरी में)। (2) कश्मीरी लोकगाथा का नायक
(3) लोकगाथा की नायिका

ग़ज़ल

— मोतीलाल 'साक़ी'

जब धरती पे है रक्तपात, मैं कैसे लिखूँ ग़ज़ल,
लम्बायी बासन्ती रात, मैं कैसे लिखूँ ग़ज़ल !

न दर है न दिवार, मैं कैसे उतरूँ पार,
है यम ने लगायी घात, मैं कैसे लिखूँ ग़ज़ल !

मन तड़पे तरसें नैन, कोई अपना तो मिल ले,
है आँखों में बरसात, मैं कैसे लिखूँ ग़ज़ल !

सुख आँगन है श्मशान, है घर एक क़ब्रिस्तान,
जब ऐसे हों हालात, मैं कैसे लिखूँ ग़ज़ल !

मेरे घर को आग ने लूटा, मेरी उड़ गयी है नींद,
मेरे घायल हैं जज़्बात, मैं कैसे लिखूँ ग़ज़ल !

न शादी न त्यौहार, न कहीं है गृह-प्रवेश,
न रंगोली न बारात, मैं कैसे लिखूँ ग़ज़ल !

ग़ज़ल

— प्यारे 'हताश'

भाई मेरे खो गया निशाना हमारा,
ढूढ़ें कहाँ, खो गया ठिकाना हमारा।

निहारते रहे जिसे तमाम उम्र हम,
ताला वहाँ है, खो गया आशियाना हमारा।

उस आतंक का भला दें दोष किसे हम,
आवाज़ बैठ गयी, खो गया बहाना हमारा।

कब हृदय में फिर से हों पैदा तमन्नाएँ,
जाने कहाँ अब खो गया ज़माना हमारा।

बचाके रखी हमने थी बस आस्था अपनी,
ढक्कन खुला रहा, खो गया ख़जाना हमारा।

भाँप लेता था जो संकेत कल के भी,
वो साधु, खो गया मस्ताना हमारा।

रुफ़[1]

□ अली शैदा

बेवफ़ाई अच्छी है क्या दिलबरो[2],
सुन लो मेरी तुम सदा दिलवरो।

ओ मृगनयनी बस एक नज़र,
वो ही है दर्द की दवा दिलबरो।

दीये में जलाया है रक्त हृदय का,
मेंहदी रचे हाथ हैं गवाह दिलबरो।

जीवन को मेरे लग गयी है,
किसी की जैसे बददुआ दिलबरो।

चुराया रंग तुम्हारा फूलों ने,
हो उठी मदमस्त हवा दिलबरो।

भस्म कर दिया मुझ अप्सरा को,
थी मेरी क्या ख़ता दिलबरो।

शैदा के गीत ग़ज़ल है तेरे लिए,
वो दीवाना शायर हुआ दिलबरो।

---

(1) शुभ अवसरों पर गाये जाने वाले गीत की एक शैली।

(2) हे प्रियतम !

ग़ज़ल

— मिर्ज़ा ग़ुलाम हसन बेग़ आरिफ़

जिन्दगी सुखों की दुखों की ज़िन्दगी
कलेजे के हरे घावों की ज़िन्दगी

पहाड़ों से फूटती सकोरों में सुकड़ती
ज़िन्दगी भ्रम की तमन्नाओं की ज़िन्दगी

स्रोत अज्ञात पर बहती सदा है धार
ज़िन्दगी है बहते पानी की ज़िन्दगी

क़दम धरा से नीचे औ' गगन से परे कभी
ज़िन्दगी है यों सफ़र की ज़िन्दगी

पड़े हुए मधुघट चश्क हैं मीठे-मीठे ये
ज़िन्दगी मदिरा भरे प्यालों की ज़िन्दगी

ज़िन्दगी का आरिफ़ वर्णन करे मगर
ज़िन्दगी बताओ आख़िर किसकी है ज़िन्दगी

कब फैले प्रकाश

— अर्जनदेव मजबूर

हाथ मलता छोड़
भाग गया
अंग अंग तोड़कर
पिछला वर्ष
परदेस में जैसे बेच गया
मेरा अस्तित्व
तार-तार कर डाला
मेरा दामन
जीने पर प्रतिबन्ध जैसे
ऐतिहासिक इस नगर में मेरे
विनाश का जाल फैलाया
गाँव का नाश किया ।

आफ़त आयी
दुविधा फैली
मेंहदी भरे कितने हाथ झुलसे
कितनों के भाग्य में लिखा
बेघर होना
कितने मासूमों के गुलशन पर
ओले बरसे और वो उजड़े
कितनों की देह में ठोके गये कील
कितनों की लूटी लाज
कितनों का खोया यौवन
कितनों के जले महल

मोहल्लों-बस्तियों का विनाश हुआ
कितनों के घरों का नाश हुआ

भस्म हुई शस्य-श्यामलता
रक्त से भर आया पाताल
और सहम गया आकाश

कहीं से आए पवन झकोरा
वसन्त ऋतु-सा
कोई आए घाव सिले
कितने ज़ख़्म दिखाऊँ भाई
जाने कब भर जाए

कहीं से आए फूट कर अंकुर
अन्त कहीं हो इन तानों का
खिले हुए फूलों के बाग़
पहले की तरह पुकारें मुझे
नज़र जमी है पहाड़ियों पर
इन धुँधले रास्तों पर फैले
आकर, कब प्रकाश !

मेरा श्मशान कहाँ है ?

— बृजनाथ बेताब

आकाश में
उड़ने वाले पंछी
आकर बैठ जाओ
किसी डाल पर
मेरे आस-पास
कुछ पल के लिए
तुम्हें देखना चाहता हूँ
छूना चाहता हूँ
तुम्हारे पंखों को
जो ले जाते हैं तुम्हें
दूर गगन में
और बनाते हैं
अंग प्रकृति का
पंख—
जो मैंने भी लगाये थे कभी
और बनना चाहा था
अंग अपनी धरती का।

पंख—तुम्हारे पंख
जो ले आते हैं तुम्हें
गगन से धरा तक
पंख—मेरे पंख
जो फड़फड़ाते थे
जब याद करती थी

बुलाती थी मुझे
मेरे गाँव की हरियाली
हेमन्त का शीतल समीरण
तुम्हें भी यह अनुभव होता है क्या
जब तुम लौटकर आते हो
गगन से धरती पर ?

आकाश में उड़ने वाले पंछी
आकर बैठ जाओ
किसी डाल पर
मेरे आस-पांस
कुछ पल के लिए
तुमसे कुछ कहना है
कुछ पूछना है मुझे
गगन के नागरिक !
लौटकर आते हो दूर गगन से
शाम से पहले
क्यों अपने घोंसले में ?
कभी भटकते नहीं
क्या मेघ वर्षा पहाड़
नहीं रोकते कभी तुम्हारा रास्ता ?
बताओ
सिखाओ मुझे भी।

आकाश में उड़ने वाले पंछी
आकर बैठ जाओ
किसी डाल पर
मेरे आस-पास
तोड़ दो अपना मौन
मैं तुम्हारी मूक-भाषा
समझ नहीं पाता हूँ
क्या राजनीति

तुम्हें भी डरा देती है ?
बेघर बना देती है ?
तुम भी तरसते हो क्या
झुण्ड से अलग होकर ?

आकाश में उड़ने वाले पंछी
आकर बैठ जाओ
मेरे आस-पास
किसी डाल पर
और धीरे से
धीरज से
यह बताओ
तुम गये थे क्या
मेरे गाँव की ओर
तुमने देखा क्या
मेरे खेतों को
सरसों के फूलों को
कैसा रंग है उनका—
लाल, हरा या सफ़ेद ?
तुम मिले क्या—
वहाँ नदिया किनारे
मेरे घर के आँगन में
या किसी वृक्ष के नीचे
मेरी 'आत्मा' से ?

दूर गगन में उड़ने वाले पंछी
आकर बैठ जाओ मेरे पास
किसी डाल पर
कुछ समय के लिए
डरो मत,
मेरे पास क्लाशनिकॉफ नहीं है
इतना बता दो

तुम मुझे ले जाओगे क्या
अपने साथ गगन में
जब यह धरा
तिरस्कृत करेगी मुझे ?

यह भी नहीं बताओगे
तो इतना उपकार करो,
शाम होने से पहले
उड़कर चले जाओ
एक बार
मेरे गाँव की ओर
देख आओ
मेरा श्मशान कहाँ है
थक गया हूँ (ढूँढ़ते-ढूँढ़ते)
सो जाना चाहता हूँ
चैन से !

गुजराती

1989

सासणगिर में सिंहमय रात्रि ▭ उमाशंकर जोशी

कविता नहीं लिखी जा सकेगी ▭ लाभशंकर ठाकर

अपना तो ▭ मफत ओझा

1990

जड़ें ▭ उशनस

आशीर्वाद ▭ सितांशु यशश्चन्द्र

रुकावट के लिए खेद ▭ इन्दु पुवार

1991

मुझे आकाश से वंचित न कर ! ▭ चिनु मोदी

मैं भार-रत ▭ यशवन्त वाघेला

काली लड़की ▭ मणिलाल पटेल

रूपान्तर

डॉ० महावीर सिंह चौहान

सासणगिर में सिंहमय रात्रि

— उमाशंकर जोशी

क्या कोई जानता है गिर की नदियों के नाम ?
टेकरों - टेकरियों, पर्वतों - पहाड़ियों में
ठिठकतीं, लजियातीं—
चलतीं अभिसारिकाएँ, नाम जानता है कोई इनके ?

गिर का पृथ्वी से परे
फैला हुआ नित नूतन मानस - लोक
उसमें कल-कल निनाद करती
सारी नदियों को किसने भला देखा है ?

झाँझरी, झाँखरी, जींथरी, खिलखिल, सोनकाँकरी
और वह ? सदा हरिता, और वह ? नित्य जला, निर्मल नीरा
यह ? सतत प्रवाहिनी, और वह ? नवागन्तुका
बहुपर्णा ! और यह सिंह-बोटी, नाहर-चखी
और उस ओर वह पंखी - प्रिया···

जीप, ठीक यूँ ही, न जाने कौन-सी तरंग में
चढ़ गयी मानस - लोक की राह पर
वहाँ किसी गुमनाम नदी - तट पर
होगा विश्रामगृह
कवियों का धाम वह !
कवियों को अवरोध कैसा ? उठो, चलो यहाँ से
साहस के साथ धँसो सासण में !
घोर अन्धकार, झिल्ली की झंकार

हृदय में सन्नाटा, भीषण स्तब्धता।
गाड़ दो वहीं ध्वजा, अपने डगमगाते आपे की।

गाढ़ विजन है घाट कि जैसे पशु-पक्षी का,
अन्नी भैंसें पानी पीकर तृप्त होकर
जाती हैं ज्यों मूर्तिमान परितृप्ति जा रही
मंथर गति से !

अन्धकार के सारे खन्दक काले स्याह अँधेरे में
गलकर - बिगलकर जैसे हो गये विलीन
ऊपर नभ में गूँज रहा है ग्वाले का स्वर
गहरा, शब्दहीन घहराता, जैसे निकला हो
भीतर की गहन गुहा से।

रक्त और मज्जा में धड़क रहा हो जैसे
अपनी ही अस्ति के अर्क-सा
पशुओं की संगति में मानव पृथ्वी-पट पर
विचरण करता आया है युग-युग से
गाय ज्यों अटूट संगात की संगीत की
हलकी रेखा-सी अर्ध थिरक गयी नभ में

हलचल फिर से हुई घाट पर
भीड़-भाड़ हो गयी दुबारा
मस्ती में मदमाते चार-पाँच सिंह-शावकों की।
इन्हें भला किसने सिखाया है पानी पीना ?
पीते हैं ये जीभ हिलाकर
लपलपाकर
बिलकुल समीप से —जोप की लाइट कर
देख लो—तरुराज की छाया में लम्बायमान सिंहनी
कटि है कैसी क्षीण—
बच्चों को पानी पीते देखती है एक टक
जीप से बिलकुल सटी खड़ी है
एक किशोरी कन्या, चिन्ता नहीं है उसे सिंहनी की
और न सिंहनी को उसकी !

कहाँ है सिंह ?
ऊँचा मचान यह
बाँधा गया था
राष्ट्रपति राजेन्द्र बाबू के लिए,
इसी पर बैठकर
क्या मैं भी करूँ प्रतीक्षा
सिंह की ?
नहीं, अभो थोड़ा और आगे बढ़ो
आगे डाक-बँगला है पास ही में
करेंगे वहीं विश्राम
पेट-पूजा भी तो करनी है।

विश्राम ? आधी रात और भर-नींद में
यह कैसी धींगा-मुश्ती !
एक नहीं, दो-दो सिंह
एक वृद्ध अतिक्रुद्ध
दूसरा उग्र, तीखा, घनघनाता
गरजते हैं, परस्पर झपटते हैं
दोनों की उग्र गर्जना
रंगती है शून्य को
स्याह अन्धकार से
आपस में जूझते सिंहों की दहाड़ें,
उठतीं, छा जाती हैं, पर्वत के शिखरों पर
शिखरों से ऊँची उठ
चहुँ दिश सृष्टि का प्रसार यह
जैसे नगण्य हो
कवि को यह देता है क्या कोई संकेत ?
गिर की अकलित सरिताओं का
मन्थर-गति से हिलता-डुलता नीर
कहाँ हो गये हो अदृश्य कवि ?
सासणगिर की चौकी की गाढ़ निद्रा में
गिरा नदी के किनारे
अथवा समाधि-गुहा में !

कविता नहीं लिखी जा सकेगी

— लाभशंकर ठाकर

ऐसा लगता है—और इस क्षण तो ख़ास-तौर से
कि मुझसे कविता नहीं लिखी जा सकेगी।
कविता लिखने के लिए दिमाग़ चाहिए झनझनाता हुआ,
चाहिए न ?
एकदम शून्य समाधिस्थ मन:स्थिति में
कल-कल बहती स्मृतियाँ—अध्यास स्वर-गन्ध-स्पर्श की
लहरें—रंगीन पिलुआ की फीकी मिठास वाली तीखी चटपटी
संवेदना के बिना
कहीं भला कोई लिख सकता है कविता ?

यह नहीं कि यह सब कुछ न हो,
लेकिन जैसे सब-कुछ घिसा-पिटा है।
स्मृतियाँ घिस गयी हैं, अध्यास घिस गये हैं
स्वर घिस गये हैं, फीके पड़ गये हैं।
सुगन्ध धूसर बन गयी है
आवाज़ की लहरें छती हैं त्वचा को, लेकिन हौले-हौले
सब-कुछ झनझना भी उठता है
लेकिन एकदम संकुल और संश्लिष्ट
ऊबड़खाबड़
अलग-अलग इकाइयों में अनुभव में आता है
कमर की करधनी के मोतियों-सा
या किशोरी के केश की
ल
टों जैसा—

या—
या ऐसा ही कुछ हो जाता है बीच में।
पंक्तियाँ अपूर्ण अटक जाती हैं
                चित्त का फुहारा बन्द हो जाता है
अचानक, और…और
                इसी तरह से अटक जाता है सब-कुछ !
यूँ लगता है कि अब मुझसे कविता नहीं लिखी जा सकेगी।

तात्पर्य की दरारें, बसन्त के उद्धत फूल, वस्तु का मूल
गुलाबी भौंरे का मेटाफरीकल गुंजारव
पिछवाड़े की दीवार की परछाइयाँ
केले की जाँघ पर कुल्हाड़ी
                ऐसी-ऐसी बातें उभर आती हैं अँधाधुन्ध
ऑडिबल, विजिबल, टेंजिबल—
                ये सब किस लिए ?
फटाक से खुल जाएँ फलियाँ—सूखी और खर
                                        खर
                                        खिरक जाएँ बीज
खनकती लय की कटोरी में
                और फिर अचानक ही अटक जाएँ।
उसके बाद मात्र प्रतीक्षा, चेतन के सतह के स्फुरण की
प्रतीक्षा—
                वेटिंग।

पतंग कट जाए, डोरी रह जाए हाथ में भारहीन
चाभी भरी है ग्रामोफोन में—
रिकार्ड पर पिन रखने भर की देर
कि घिसर-घिसर बजने लगता है
घरघराने लगती है आवाज़ !
        नॉन स्टाप, घिसी-पिटी।
छेदों-सूराखों वाले
जीर्ण-शीर्ण छप्पर से धड़धड़ गिरे पानी

यहाँ- वहाँ- सर्वत्र,
आरम्भ में बेचैन करने वाला, फिर द्विधा
और अन्त में
स्तब्ध कर देने वाला बहरापन
भीतर का बहरापन
कहो भला सम्भव हो सकती है कविता ?

लगता है मुझसे अब कविता नहीं लिखी जा सकेगी।
मैं यह किससे कह रहा हूँ ?
(खुद अपने आप से ? स्तब्ध !)
कुछ-कुछ ऐसा ही—ऐसी ही स्थिति।
इस प्रकार के स्थित्यन्तर;
सुगन्ध या स्पर्श को जोड़ने की जगह
स्वयं टूट जाते हैं, जीर्ण सूत की भाँति।
गायब है तर्क।
टूटता है अचरज का दर्पण, इस तरह
कि कुछ भी नहीं आता है हाथ !
समझदारी झड़-गये पर्णहीन सूखे वृक्ष-सी
खड़खड़ाती है—शुष्क
(लगता है अब मुझ से कविता नहीं लिखी जा सकेगी।)

अपना तो

▭ मफत ओझा

ये सब के सब जैसे-के-तैसे
सोफासेट, पलंग, कुर्सी, खिड़कियाँ, दरवाज़े, पर्दे
सीलिंगफैन, घड़ी की सुइयाँ—टक-टक और बन्द
अँधेरी दीवारों पर टँगा है ईश्वर
नश्वर पिता के फोटो की फ्रेम में मढ़ा हुआ।

स्विच के ऑन-ऑफ से अब कोई फ़र्क़ नहीं
अन्धकार की पीठ पर सवार रेगिस्तान बलबलाता दौड़ता है
दीवारों को अफ़सोस नहीं है इसका
कभी इनके पंख पत्थर के होते हैं
और कभी पानी के।

एक कमरे से दूसरे कमरे में
दूसरे से तीसरे कमरे में
कौन घूमता फिरता है ? कमरा ? एक दो और तीन ?
या फिर सबके सब ?

थिरकते हैं, थमते हैं, चरण-चिह्न पवन की पाँखों के
तड़फड़ाकर मर जाता है वन में जटायु
उड़ना, उड़ते रहना, उड़ते जाना
दीवार से दीवार तक
वित्ते भर की दूरी पर न होना
झपट्टा मारकर श्वास का डूब जाना
फिर ठीक सतह से उड़ना
या फिर बस ममी की भाँति जैसे-का-तैसा,
सतह पर बैठ रहना !

बीच में दीवार
दीवार के बीच में
बीच-बीच में; इसी भाँति
—ठिठुरे हुए अन्धकार की भाँति
उगना,
अरे भाई अपना तो···कहिए कि अपना तो यूँ है
आतम को उढ़ाकर मस्तक तक
अपना यह चोला लिये उड़ना है तो बस उड़ना ही है
जैसे का तैसा।

जड़ें

□ उशनस

पिछले जन्म में ज़रूर कोई पेड़ रहा हूँगा
मेरी आँतों के साथ कभी कुछ कट गया था
फिर भी जड़ों जैसा कुछ रह गया है
जीवन्त और कसमसाता।
वही रह-रहकर अभी भी···

लगता है जैसे कुछ अनजान जंगली जड़ें
भूगर्भ में उतर गयी हैं मेरे अन्दर बहुत गहरे
मैं आदमी के रूप में आया हूँ
तभी से है यह टकराहट
मेरे साथ छापामार युद्ध में सक्रिय हैं वे
रह-रहकर।

कोई मेरे भीतर दीवार चुन रहा है रोज़-रोज़
इंट पर इंट रखकर सुरक्षा की;
और कोई इस खड़ी होती इमारत को
फ़कीर की दरी की भाँति उधेड़कर फेंक देता है
रोज़ रोज़
मेरे असावधान क्षणों में

देखता हूँ कुछ अनजानी जड़ें - मेरी
दीवार को सतत खोदे जा रही हैं नींव से ही।
पिछले जन्म में शायद किसी पेड़ को काटा होगा मैंने
वही अब वैर चुका रहा है रह-रहकर मेरे साथ
जड़ों से जड़ों में।

अब मैं एक दीवार बनता जा रहा हूँ
मेरे अन्दर की मिट्टी अब
पत्थर-सी सख़्त होती--सूखती जा रही है
मेरी इस मिट्टी में समाये हैं
अब तक काटे गये
जंगलों के उद्‌भिज-बीज ।

नीचे से ऊपर से कोई मुझे टाँच रहा है
खुरच रहा है, खोद रहा है नींव में से
मैं बेचैन हूँ,
मेरी नींद हराम हो गयी है ।

ऊपर वृक्ष जैसा तो कुछ दीख ही नहीं रहा है
और मात्र
अदृश्य जड़ें ही कुलबुला रही हैं मेरी नींव में
फैलते, उलझते बिजली के तारों-सी ।

कभी-कभी तो जड़ें मुझमें में ही तन जाती हैं
और सम्भोग करती हैं, परस्पर सर्पों की भाँति मेरे अन्दर
एक वृक्ष को जन्म देने के लिए !

ये अनजानी जड़ें ही मुझे
एक दिन दीवार की तरह फाड़ देंगी
वृक्ष बनने की प्रक्रिया में ।

आशीर्वाद

— सितांशु यशश्चन्द्र

अब यह पानी स्थिर हो गया है
बिलकुल सीमेण्ट की तरह
और हम भी अपने-अपने छप्परों पर जम गये हैं अब।
बरसात में बह चलने वाली मिट्टी में
उगा हुआ अंकुर
समय गुज़रने के साथ वृक्ष हो जाए
और मिट्टी बन जाए एकदम सख़्त—
वृक्ष के तने के आसपास
और फिर थोड़ी-बहुत जुड़ाई होने के साथ
मिट्टी पर गिरे कोलतार
और गिरकर
ठण्डा हो जाए
ठण्डा होकर कोलतार जमे
और जमकर हो जाए सख़्त
और उस सख़्त कोलतार की गिरफ्त में
जकड़ जाए पेड़;
उसी तरह
हम इस पानी के बीच जकड़े हुए हैं
—बिलकुल उस पेड़ की तरह।
सीमेण्ट - जैसे पानी पर
बुतों की तरह हम एकदम स्थिर हो गये हैं।
हमारे स्थिर हो जाने के बाद
प्रकट होते हैं आकाश में
हैलीकॉप्टर और विमान
अथवा प्रकट होते हैं देवता और देवी माएँ !

देवता बरसाते हैं विमान से हम पर आशीर्वाद
और बरसाते हैं ड्रायलंच
जिसे हम पानी के साथ बाद में खाते हैं
हालाँकि पीने के पानी की कठिनाई तो है ही
क्योंकि सीमेण्ट-जैसा यह पानी
अब पीने योग्य कतई नहीं रहा।
लेकिन
आकाश से आशीर्वाद बरसाने वाले
हैलीकॉप्टरों की यह मर्यादा होती है।
और देवता जब दिखाई देते हैं
तो हमें विश्वास हो जाता है कि कल भी
ड्रायलंच आएगा ज़रूर
हालाँकि पूड़ियाँ कच्ची
और सब्ज़ी जली हुई होती है अक्सर।

ऐसे में
कामचोर देवताओं से शिकायत करने की इच्छा होती है
लेकिन
हैलीकॉप्टर की गूँजती आवाज़ में
हमारी आवाज़ दब जाती है।
और फिर हमारे बीच का फ़ासला अधिक होने से
हमारे हेण्ड - सिग्नल्स
साथ ही दोनों हाथ जोड़कर किया गया प्रणाम
या प्रार्थना की अन्य मुद्राएँ
अस्पष्ट रह जाती हैं
और फिर तो
कुछ ऐसी खुलती है भूख
इस सीमेण्ट के बीचोंबीच उगे
वृक्षों की डालियों के शिरों पर
खुले हुए मुखों की
अथवा
माताजी, माताजी, जाइई, जाइई तेरे शुभाशिष
और

शुभ पूरी, शुभ आलू और शुभं भवतु शुभं
भवतु शिवे सवार्थ-साधिके
शरणे त्र्यम्बके गौरी
आलू-पूरी, आलू-पूरी, आलू-पूरी, आलू-पूरी
और सीमेण्ट के विशाल चौगान में बैठकर
पिकनिक मना रहे होते हैं हम श्रद्धापूर्वक ।

रुकावट के लिए खेद

▭ इन्दु पुवार

एक अहमदाबाद है
एक हैं हम
एक है नदी—नाम है साबरमती
यूँ तो यह नदी कभी उफनती नहीं
और न दोनों किनारों को छूकर ही बहती है कभी।

हाँ, यदि कभी धराशायी कर देने वाली वर्षा होती है
तभी साबरमती में आता है बाढ़ का पानी
कहीं पाँच-सात दिनों के बाद।
इसीलिए अब मुझे कुहरा पीने की आदत पड़ गयी है।
कुहरा हम पीते हैं
हैं, हैं, हम, हम!

एक वीडियो फ़िल्म का साउण्डट्रेक
अहमदाबाद हमें धीरज से सुनता है
रात-दिन / सोते-जागते / घूमते-फिरते
बातों-बातों में ही हम वृक्ष को नाम दे देते हैं नाविक का
और कहते हैं कि
हम नदी के मूल की खोज में लगे हैं
कि जहाँ मूसलाधार गिरने वाली बारिश में
बेतहाशा बाढ़ में / मटमैले पानी में
करता है निवास शेषशायी भाषासुर
और खोजते हैं हम — हम
भाषासुर हैं।
और यह सारा फैलाव

उसी की नाभि से निकला है—
समय। वेद जपता है जाप हाहाकारी बाढ़ का
किसने कहा कि आकाश को हर्ष नहीं होता—
पुलक नहीं होता ?
इसीलिए है, भाषासुर है—
पुलकित होता तिनका लेकर
उड़ने वाली चिड़िया की चोंच में
पुलकित होता है, सूर्यास्त समय के आकाश में।
पंक्तिबद्ध एक साथ उड़ते पक्षियों के पाँखों में
मूल, नदी का मूल
शेषशायी भाषासुर
नाभि में से निकले
ये सभी के सभी पुलकित होते हैं वहाँ,
और यहाँ मेरी भाषा के शरीर पर
दो गोल-गोल काले चकत्ते पड़ जाते हैं
हमें याद आती है
'हैं···हैं' होने में चलने वाली लय की लालिमा
सही बात यह है कि
हमें कुहरा पीने की आदत पड़ गयी है
सीढ़ियाँ चढ़ते-चढ़ते
स्कूटर पर चलते-चलते
आकाश के साथ संवाद साधते-साधते
मित्रों के साथ गप हाँकते-हाँकते
कम्युनिकेशन के नाम पर भाषा रचते-रचते
घाटियों में उड़ - उड़कर जाते/मन को मोहित करने वाले
मुसाफ़िरलाल नामक कोहरे को
पीने की आदत पड़ गयी है हमें।

हाँ, साहब लोगो,
हम एक वीडियो फ़िल्म के साउण्डट्रैक हैं।
साउण्डट्रैक को तो जानते ही हो
हमारे प्यारे नगरजनो !

कुछ आकस्मिक आवाज़ें,
ला मुसिकि
भाषा में फैले हुए यत्रतत्र एक दूसरे को—
        एक दूसरे को संयोजित करने में लगे संवाद
साबरमती को हचमचाकर रख दे ऐसा बैकग्राउण्ड इफेक्ट
इसी तरह तैयार होता है साउण्डट्रेक !
और फिर बाद में फ़ुरसत के समय सुनता है हमें
        अहमदाबाद ! हाँ, अहमदाबाद !
कहाँ जाएँगे ? किससे मिलेंगे ? क्या करेंगे ?
कैसा सलूक करेंगे ? कैसे आगे बढ़ेंगे ?
समय के नाम पर क्या कुर्बान करेंगे ?
        साबरमती हैं हम !

भाषासुर हैं हैं।
नाभि से निकले हैं हम तो, निकले हैं।
भाषा में पड़ने वाले काले गोल-गोल
मजेदार चकत्ते हम हैं
मुसाफ़िरलाल हम हैं तो हैं ही
रुकावट के लिए खेद !

मुझे आकाश से वंचित न कर !

— चिनु मोदी

मुझे आकाश से वंचित न कर पंछी !
तू भी कहाँ पढ़ सका है
तारों, ग्रहों और नीहारिकाओं की गूढ़ लिपि
असफलता का भय दिखलाकर
मुझे आकाश से वंचित न कर पंछी !

मैं जानता हूँ—
वह गूढ़ है, अनन्त है !
चमत्कारों से ढंका - मुँदा है
लेकिन तब मुझे जो मिला है मन,
मिली हैं इच्छाएँ
और स्वर्णपत्र पर जो यह लिखी है मृत्यु
मुख़ातिब होना ही पड़ता है, उससे ।

मैं आकाश के गूढ़त्व से बेचैन नहीं होऊँगा
उसकी अनन्तता से मैं घबड़ाऊँगा नहीं
उसकी चमत्कारिक शक्तियों से मैं सकपकाऊँगा नहीं
मुझे आकाश से वंचित न कर पंछी !

मैंने तो कब की प्रतिज्ञा की है ।
मैं किसी को भी पराजित नहीं करूँगा ।
अपनी यह अमूल्य आयु
युद्ध में न गँवाने की प्रतिज्ञा की है मैंने,
अपने अस्तित्व को बनाये रखने के लिए भी
युद्ध, संघर्ष या द्वन्द्व में विश्वास नहीं करता मैं

यह कहकर कि आकाश अजेय है
मुझे आकाश से वंचित न कर पंछी !

मैं द्वन्द्व से जन्म लेने वाला फेन हूँ
पानी को पराजित करने वाली नौका नहीं,
मुझे तो फेन की भाँति तैरना है
अनायास
बिना प्रयास
फेन की मृत्यु पर ध्यान नहीं देता है सिन्धु
मैं तेरी तरह पंख फैलाकर
आकाश के साथ सम्बन्ध नहीं जोड़ना चाहता
मुझे आकाश से वंचित न कर पंछी !

वह भी निरालम्ब है मेरी ही भाँति
एक के बाद एक जैसे मैंने अपने सारे खोये हैं
वैसे ही उसने भी अपने तारे खोये हैं
वह भी रोता है शत-शत धारों से मेरी ही भाँति
वह बादल उँडेलता है
और मैं अपनी आँखें।
वह भी गर्जना करके रो देता है, मेरी ही भाँति
उसके भीतर स्थित हैं एक से अधिक सूर्य
मुझे भी दग्ध करती रहती है
अन्दर की एकाधिक अग्नि ! इसलिए
मुझे आकाश से वंचित न कर पंछी !

सच कहूँ तो मुझे कई बार लगा कि
मैं पृथ्वी पर जन्मा,
आकाश का टुकड़ा हूँ—
वैसा ही भरा-भरा किन्तु फिर भी शून्य

आकाश की भाँति मुझे भी देखता है हर कोई
लेकिन कोई भी पहचानता नहीं

आकाश की भाँति मैं भी एकदम समीप
लेकिन फिर भी दूर, सुदूर
आकाश मेरा सगोत्री है पंछी
मुझे आकाश से वंचित न कर पंछी !

मैं भार-रत

— यशवन्त बाघेला

मैं
युगों से भार-रत हूँ
मैं हारा हुआ हड़प्पा
मैं मोहंजो-दरो
अपने ही शव का टीला।

इस लोथल में
मेरी ही लोथों का ढेर लगा है।
इस रोपर और रंगपुर के
रंग-बिरंगे महलों की
पचरंगी ध्वजाओं और
क़िलों के कंगूरों को
मैंने गिरते देखा है भारी हृदय से।
फिर तो तुमने हमें हवन में होमा है
हज़ार-हज़ार की कतारों में।

मेरे ही रक्त के सींचने से
उगीं और लहरायीं
तुम्हारे खेतों की फसलें
मैंने तुम्हें ओढ़ने के लिए दिया अँगरखा
और पहनने के लिए पगरखा
मैंने तुम्हारे लिए शस्त्र बनाये
लेकिन तुमने तो हमें ही हताहत किया उनसे
तुम्हारे दक्षिणायन के बाद

वेदों को पढ़ने के लिए मैं कितना रोया था,
गिड़गिड़ाया था।
फिर भी मेरी जीभ काट दी थी
आँखें फोड़ दी थीं
...मेरे कानों में
तुमने डाला था जो खौलता हुआ सीसा
वह अभी तक कसक रहा है।

मैंने कभी कहा था
वेद ईश्वर प्रामाण्य नहीं हैं
और फिर प्रेम तथा करुणा के बीज बोये थे
इस धरती पर
मैं ही अजन्ता हूँ
मैं ही एलोरा हूँ
तब
तुम्हीं ने मेरा सिर काटने वाले को
सहस्र स्वर्ण-मुद्राएँ देने की घोषणा की थी
तुम्हीं चलाते रहे मुझ पर
स्मृतियों के कोड़े
श्रुतियों की साँकल फटकारते रहे मुझ पर
मुझे आचार्यों ने धिक्कारा
पहचाना नहीं पण्डितों ने
तुमने मुझे छेदा और छीला,
चीरा, चूरचूर किया
गले में लटकाया कुल्हड़
और कमर में बाँधा झाड़ू
ताकि मैं भूल जाऊँ अपना अतीत

× × ×

मैं रोता खड़ा था बाहर
और एक मसीहा मुझे ले गया
स्वाधीन-लोक में

तब
तुम्हीं ने मुझे मांस की लोथ मानकर
ख़रीद लिया था आरक्षण देकर
गिद्धराज !
मेरी ख़ाली आँतें चबाते रहे तुम
फिर भी नहीं शान्त हुई तुम्हारी क्षुधा
हे अहिंसक महाराज !
और आज जब मेरा पुर
लील गया है किर्लोस्कर
ताना-बाना छीन लिया है कपड़ों की मिलों ने
और स्वयं तुमने ख़रीद ली है वाशिंग मशीन
मेरे पास शेष रहा है केवल
एक झाड़ू
हालाँकि अब वह मेरी कमर में नहीं बँधा है
मेरे हाथ में है वह
लेकिन मैं,
अभी भी हूँ, भार-रत भारत।

काली लड़की

□ मणिलाल पटेल

अन्धकार से रची हुई वह काली लड़की
फैल गयी है अफ़वाह-सी मुझमें।
शीशम-सी काली और मर्ममय
लाल स्याह लजियाती
मेरे क्यारे की काली-काली मिट्टी-सी
धान की बालियाँ झूलती हैं कान में
पकने को हुए धान की गन्ध लिये
मन-मीन तैरने की क्रीड़ा करे उसमें,
सराबोर अबानूस काली लड़की

मेघ-सी मँडराती
आँधी-सी फुँकती
मेरे पाताल में पलीता-सा चाँपती
और तब फूटने लगती हैं सुरंगें।
वह तमसा बहती है मेरे अन्दर
करारों के टूटने की उठती हैं लाल प्रतिध्वनियाँ
खरगोशों को भगाती वह आकर
मेरे सामने खड़ी हो जाती है
पृथुल जंघा
क्षीण कटि पर
संगमरमर के घट कलश ढरकाती
बाढ़ जैसी फैल जाती है वह चारों ओर
लपलपाती अग्नि उसकी वेदी में
अन्धकार-जल में गूँथी गयी मिट्टी-सी
तिमिराच्छादित रेशम-सी वह काली लड़की।

उसे धारण करते हुए धूप झूम उठती है।
बोला करता है उसमें मुड़ेर पर बैठा हुआ
कौआ आठों याम।
कल्पना करो कि वह लड़की कल्पना है
सारे लोक की रग-रग में जिसकी जल्पना है।

हँसती है झरनों का स्मित वह
तट पर खड़े जंगलों में सन्नाटा फैल जाता है
सफ़ेद घोड़े उछलने लगते हैं मेरे अन्दर
हरीभरी हवा चल पड़ती है
आँख में सूरजमुखी
और दोपहर का सूरज स्वाद-सा समाया है
उसके शब्दों में।
मन में सोई हुई वह लड़की
काले मेमने-सी स्पर्श करती है रात में
कच्चे फल की फाँक-से उसके होंठ
काजल से माँजी हुई काया
सुबह-सुबह सरसों के पौधों पर फूलों-सी झूमती
वृक्षों की छाया बन बुलाती है मुझको

उसकी आँखों में उगता है आधा-अधूरा चाँद
ऊपर दो-दो काले भौंर मेघधनु झुके हुए।
रूप का जादू-टोना ऐसा कि
आँज देती है हमें कामरूप कन्या यह
मक्खी बनाकर दिन में बिठा देती है दीवार पर
और रात को पिसाती है पीसना अपनी काया का।
देखो तो जैसे बिलकुल धरती हो!
झलकाती पर्वतों का प्रतिबिम्ब सरोवर में
उलटे वृक्षों को मेरे अन्दर डुबा देती है।
कुहकाती पलाश के काले केसरी रंगों के फूल
यह काली लड़की झिल्ली-झंकार-सी सतत गूंजा करती है
ऋतुओं-सी मुझमें।

ख़ाली-ख़ाली घाटियों में कलकल ध्वनि भरती
ढालती ढलानों पर सन्नाटा
घाटियों में भर देती मधुर-मधुर कलरव ।

ग़ज़ब की है यह लड़की
हृदय में भार लिये
जब यह बरसती है, रात घेर लेती है लोगों को
घिर आती हैं कोलतार-सी काली घटाएँ
व्याप्त हो जाती है
माटी के कण-कण में यह काली लड़की ।
ढोलक में बजती है
गलियों में सारा-का-सारा लोक उमड़ आता है ।
मेरी ओर आते हुए
उसे देखते हैं झरोखे ।
ऊजड़ हो जाता है गाँव,
शहर बन जाता है श्मशान ।
रास्ते अपना होना निरस्त कर देते हैं

हद करती है यह काली लड़की ।
ये समा गयी है
अठंग व्याप्त हो गयी है मुझ में—
और इस क्षण
तुम्हारे अन्दर भी जीती-जागती
फैल गयी है वह काल-भूखी काली लड़की !

तेलुगु

1989

अनन्त पुनरावृत परम्परा में ▭ गुम्मनूरु रमेशबाबू
अन्तरंग में ▭ सी. कामेश्वर राव
मुझे ऐसा ही··· ▭ भुवनगिरि नागराजु

1990

अक्षय अक्षर ▭ मद्दूरु श्रीनिवासुलु
जीवन-ज्योति ▭ ताजुद्दीन बाबा
अक्षय कविता ▭ कूचिभोट्ल वेंकटशास्त्री

1991

जन-सम्पर्क ▭ सी. नारायण रेड्डी
हे भगवान ! ▭ पी. वी. साइनाथ शास्त्री
इन्द्रधनुष ▭ पातूरि रघुरामैया

रूपान्तर
आचार्य पी. आदेश्वर राव
डॉ. एस. ए. सूर्यनारायण वर्मा

अनन्त पुनरावृत परम्परा में

— गुम्मनूरु रमेशबाबू

न जाने कब का है
सागर का यह घोष
अनन्त और अखण्ड
मेरे अन्तरंग-सा ।

न जाने कितनी चट्टानें,
शिलाएँ और मूर्तियाँ
चूर-चूर होकर
विलीन हुई हैं
सागर के अन्तस्तल में,
न जाने कितने इतिहास
उसमें सिमट गये हैं,
इतना बडवानल है सागर में
जितना मेरे अन्तरंग में ।

खण्डहर ...
विषाद मधुर स्मृतियाँ,
गत वैभव के संकेत,
विगत वसन्त
अनुभूतियाँ बनकर
मचाते हैं हलचल
जैसे मेरे भविष्य की आशाएँ
अपनी पलकें खोलकर
करती हैं कोलाहल
मेरे अन्तरंग में ।

आदर्श की वेला छूने
आशा-आकांक्षाएँ लेकर
उछलती कूदती लहरें
अपने लक्ष्य तक जाने के पहले ही
टूट बिखर जाती हैं
जैसे मेरे सपनों के
ढह जाने पर
मेरी स्मिति मिट जाती है।
ध्वस्त मन्दिर की
जीर्ण प्रतिमा के सम्मुख
टिमटिमाता दीया
हवा के झोंके से
क्या बुझ जाएगा ?
वह भी
औसत आदमी की इच्छा की तरह
पलकों के नीचे ही
पड़ा रहता है चुपचाप।

न कोई शिल्पी है,
न कोई कला,
न कोई प्रस्तर-खण्ड
और न स्मृति-चिह्न;
यह सागर महान है
मथ डालता है।
अन्तःसागर
उससे भी बढ़कर है
जो अपने में छिपा लेता है
अनन्त को।
फिर भी
वे नीली तरंगें लहराती हैं
टाँकी की ध्वनियाँ
सुनाई देती रहती हैं,

मूर्तियाँ हिलती-डुलती रहती हैं,
प्रस्तर-चूर्ण तैरता रहता है,
यह सागर और भी अथाह हो जाता है,
यह अज्ञेय आर्ति बढ़ती ही जाती है,
चिरन्तन हैं ये सभी क्रियाएँ,
अनन्त काल का प्रवाह
इनका प्रत्यक्ष साक्षी है।

अनुवाद : आचार्य पी. आदेश्वर राव

अन्तरंग में

— सी. कामेश्वर राव

अन्तरिक्ष में जब मैं
विचरने लगा
तब अपनी शीतल पलकें
खोलकर
निशा के निगूढ़ रहस्यों को
बतियाती हुई
नाचती हैं
नक्षत्र-चरण-किरणें
मेरे सिर पर।

बादलों की सुरम्य पालकी पर
सुस्मित वदनारविन्द होकर
हँसी के फूल बिखेरते हुए
सुनाता है चन्द्रमा
झरनों का मधुर कलरव।

टूट गये हैं तार
जीवन-वीणा के,
फूट पड़े हैं स्मृति-गीत
व्यथा-कथा के,
जीवन को
स्वर्ण कलश से अभिषिक्त
करने की अभिलाषा
बन जाती है अक्षर
मेरे अन्तरंग में।

अतीत की स्मृतियों पर
अंकित आशाओं की आहट
अम्बर का आवाहन
करती है धरती पर
सच्चाई और सपनों में
प्राण फूंकने।

अगणित तारक-हीरक-
कण्ठहार पहन
बिखेर रहा है
करुण-पराग की सुगन्ध को
सुषुप्त जीवों पर
नीलाम्बर।

कर्पूर दीपक कलिका-सी
पृथ्वी के आभूषण-सी
अनन्त यात्रा में
निकलती हैं
रागरंजित किरणें
ऊबे हुए चेहरों में से
निस्तेज नयनों में से
समस्याओं की हिम-परतों में से।

अनुवाद : डॉ. एस. ए. सूर्यनारायण वर्मा

मुझे ऐसा ही …

— भुवनगिरि नागराजु

इस जनारण्य में
जहाँ ममता और मानवता
छिप जाती हैं,
द्वेष और छल
साँपों-से रेंगा करते हैं,
मैं सिर से पैरों तक भीग रहा हूँ
भ्रष्टाचार की दुर्गन्धित वर्षा में,
मुझे भीगने दो !

बहती विषैली वायु में साँस लेकर
मैं इन रेगिस्तानों में
अमृतधारा-सा बरसना चाहता हूँ,
मैं आकाश में जलते सूरज को
शर्बत-सा पीकर
चाँदनी के झरने-सा
इस अन्धकूप में
कूदना चाहता था,
मुझे कूदने दो।

मैं ऐसा मानव हूँ
जिसके उर में
ज्वालामुखी सुलगते हैं,
जिसकी आँखों में
लावा की लपटें उमड़ पड़ती हैं,
मुझे इन लपटों में डूबने दो !

कल—
मेरे शब्द
अग्नि-वर्षा में भीगे मन्त्र बनकर,
पीड़ा में डूबे प्रभंजन बनकर,
आवेग से उड़ते
चेतना-केतन बनकर
अम्लान वसन्तों का
आवाहन करते हैं
शिशिराच्छादित
इस फुलवारी में।
निद्राण मूक कण्ठों से
श्रुति मिलाकर
उजले गीतों का गायन करते हैं।
दीनता के परदे में,
शोषण की शृंखलाओं में,
सपनों के आलिंगन में,
सिमट कर सो रही
इस्पाती मुट्ठियों में
प्राण फूँक कर
बनाते हैं उन्हें
अनबुझे अग्नि-कुण्ड।
इसीलिए—
तुम्हारी ज़िन्दगियों में
थोड़ी देर तक चलने दो !
तुम्हारे उर की धड़कन
सुनते हुए
अक्षरों का पहरा देने दो !

अनुवाद : आचार्य पी. आदेश्वर राव

अक्षय अक्षर

— मद्दूरु श्रीनिवासुलु

अक्षर
उपजता है बीज-सा,
शब्द-टहनियों में
पल्लवित होता है कोंपल-सा,
खिल उठता है फूल-सा।

अक्षर
गूँज उठता है
मृदंग नाद-सा,
जनता के मुक्तकण्ठ से
निःसृत निनाद-सा।

अक्षर
प्रकट होता है
प्रथम रश्मि-सा,
पृथ्वी के वक्ष पर
प्रथम स्पर्श-सा।

अक्षर
कविता बन जाता है
ज्यों कलिका बन जाती है फूल,
अक्षर
बनता है काव्य
ज्यों फूल बनता है फल,

अक्षर अक्षर से मिलकर
शब्द-प्लावन बन जाता है,
अक्षर अक्षर से मिलकर
क्रान्ति की आँधी बन जाता है
अक्षर हिमाचल बन जाता है
और अक्षय बन
टिक जाता है।

अनुवाद : डॉ. एस. ए. सूर्यनारायण वर्मा

जीवन - ज्योति

— ताजुद्दीन बाबा

दिनभर दीपित प्रगति दिनकर
थक कर लौट गया
उस जगती को,
जो छिपी है नीले परदों के पीछे;
प्रलय तिमिरग्रस्त धरती
खीजने लगी
अपने विदीर्ण तप्त हृदय की
पीड़ा के बढ़ जाने पर।

बिछुड़ते सूरज की आहट नहीं,
किन्तु सुनाई पड़ा
जर्जर जीवन का
महोज्ज्वल क्रान्ति-गर्जन।
निःशब्द शून्य में
न जाने कहाँ से उमड़ पड़ा है
इन राग-रागनियों का माधुर्य !

देखो जिधर, उधर फैला है
अन्तहीन यह महाकाश,
अन्धकार के परदे—
जिनके पीछे छिपे हुए हैं
द्युति-वितान के मृदु लास्य।

निशा-गर्भ-निक्षिप्त
मेरा अस्तित्व
अन्तरिक्ष के शिखर पर चढ़कर
अवलोक रहा है
दिव्य शक्ति को
जो है निर्गुण ओम् निराकार ।
भाव-चक्षु के खुल जाने पर
नभ के सीमान्त पर खिली
स्निग्ध चाँदनी के दर्शन की
अनुभूतियाँ
मुझ में महक उठीं ।

विस्मृत सागर में गिरकर
विलुप्त मेरी स्मृतियाँ
लौट आयी हैं
स्यन्दन पर चढ़कर,
स्तब्ध अम्बुधि से
द्युति-वितान-सी
एक भाव-किरण
प्रज्वलित हुई,
आर्त-वेणु-निःसृत
उच्छ्वासमय गीत में
सुनाई पड़ा है मन्द्र
शान्ति-चरण-मंजीर-शिंजन,
प्रकृति का दीर्घ निःश्वास
विस्फारित हुई बनकर—
अन्ध जगत् की
आशा की अरुण किरण ।

प्रेम-प्रतीक्षा-रत
मेरा मानस
आनन्द की लहरों में

दोलायमान हो
नींद में डूब गया है।
—वह है
सद्योनिवृत्त, प्रसन्न
रुचिरोज्ज्वल आनन्द की महासमाधि।

अनुवाद : आचार्य पी. आदेश्वर राव

अक्षय कविता

— कूचिभोट्ल वेंकटशास्त्री

जब अक्षर अनुभूति का
अनाबरण नहीं कर सकते,
उस अनवरत यत्न में
थके विचार
जब मेरी निगाहों को
आकाश में दौड़ाते हैं
तब एक सुन्दर तारिका
प्रकट होती है ।

अनुभूति में रंगे
अन्तरंग में
उसकी आशाकिरण
चमक उठती है…
एक शीतल ज्वाला
मेरे मन से तन में,
तन से मन में
किरण वेग से
निकल पड़ती है।

अब मेरे मानस की मिठास,
पता नहीं
किस स्नेह का मकरन्द है,
उर में सरिता-सी
उमड़ पड़ती है।

इतने में
मेरे विचारों की तरुणियाँ
अपने प्यार के आँचल को
सँभालती हुई
अँगड़ाती हुई
बैठ जाती हैं,
उमड़ती सरिता में नहाकर वे
पुनीत हो जाती हैं।
और
चेतना सदृश वे तरुणियाँ
मिठास को शब्दों में भरकर
निकल पड़ती हैं,
अपने अरुण चरणों की
हंस-गति के साथ
आनन्द-तट-विराजित
अमृत-मूर्ति भारती की
पूजा करने।

बस—
मेरे अक्षर
भारती की मुस्कान को
अन्तरंग में रंगकर
उस अरविन्दलोचना के
हृदय की सीमा को
आत्मसात् कर,
अक्षय कविता-से
अवतरित होते हैं।

अनुवाद : आचार्य पी. आदेश्वर राव

जन-सम्पर्क

— सी. नारायण रेड्डी

बुद्धि
जो बगल के बढ़ते पौधे को
देख नहीं सकती,
वह बुरी है,
फसल की बीमारी की बहिन है।
सैकड़ों पौधों के मुँहों में से
उसकी भी एक जीभ है,
तब वह अकेले ही क्यों बोले ?
हवा का तम्बूरा बजाते हुए
मिट्टी के मदरसे में सीखे गीत को
हर बढ़ता पौधा गाता है।

हज़ारों बिजली की बत्तियाँ
क्या एक साथ
जल नहीं रही हैं
सड़कों के मुखड़ों पर !
रातभर
तारों के परिवार
आकाश की हरी घास पर
बैठकर
क्या प्रीतिभोज नहीं कर रहे हैं !

पूरब में सूरज के उगने पर भी
उस के उजाले को

पाने का अधिकार
है सभी दिशाओं को।
भविष्य में
अपने से फूटते
पंख लगे वृक्षों के रेखाचित्र
खींचने की दृष्टि
हर पौधे की अपनी अपनी है।

यदि वह अकेले ही बढ़ना चाहे
और गड़कर जम जाय
तो उसके तन पर
वल्मीक प्रकट हो जाते हैं।
खोटी बुद्धियाँ कीड़ों की पाँति-सी
लुढ़क जाती हैं,
यदि वे वल्मीकों की परतों में
जम जाएँगी, तो
नहीं जनमेगा
उड़ने का गुण,
चाहे पैर गड़े हों मिट्टी में
हमें उड़ना ही है
मन के पंख खोलकर।

जन-सम्पर्क हीन व्यक्ति का अहंकार
रेगिस्तान में गड़ा विजयस्तम्भ है।

अनुवाद : आचार्य पी. आदेश्वर राव

हे भगवान !

— पी. वी. साइनाथ शास्त्री

क्या नहीं हरोगे अज्ञान-तिमिर
नहीं जलाओगे क्या विज्ञान-ज्योति
आज हमारे अन्तरंग में ?

जाति-धर्म के द्वेष - भाव ही
दावानल के अग्निज्वाल बन,
भारतजननी-हृदय-क्षोभ बन
मिटा रहे हैं मानवता को ।
न देकर गौरव माताओं को
पंक उछाला मुख पर उनके,
स्वार्थ और अधिकारग्रस्त हो
देशद्रोह में निरत हुए हम,
मानवता को भूल यहाँ पर
दानव बनकर नाच रहे हम ।

शान्ति, प्रेम औ' समता को अब
फिर से लाओ वसुन्धरा पर ।
नहीं जलाओगे क्या विज्ञान-ज्योति
नहीं हरोगे अज्ञान-तिमिर को—
आज हमारे अन्तरंग में ?

अनुवाद : डॉ. एस. ए. सूर्यनारायण शर्मा

इन्द्रधनुष

— पातूरि रघुरामैया

दिन में
मेरा चेहरा है
प्रश्नों का चौराहा।
रात में
मेरा हृदय है
आशाओं का सागर।
आशा में शंकाकुल होकर
शंका में आशा से भरकर
प्रतिक्षण
चमकने लगा है
एक सुवर्ण चित्र बनकर।

मुझे पता है—
मेरी नस-नस में हैं स्फुलिंग,
उनमें मेरी आर्द्रता की कलाएँ
छिपी हुई हैं।
चाहे यह जीवन
कठोर स्वप्न-सा, कडुए सबक-सा
क्यों न रहा हो,
पूर्व दिशा है मेरा दर्पण,
पश्चिम मेरा स्मृति-प्रांगण।
निश्चित है अन्त अन्ध-तिमिर का
जो कटिबद्ध हुआ है
नाश करने
मेरे हृदय-कपाटों को।

वही उसके हृदय पर
रोशनी का घाव है।

मुझे पता है—
अपनी झोंपड़ी को ही
मन्दिर मानने वाले
वे मेघरथी अवश्य आएँगे,
अपने अन्तर में
प्रलयाग्नि-ज्वालाएँ भरकर !
इस वर्षा में
घुल जाने दो
भूख-प्यास को, व्यथा-कथा को।
वर्षा के रुक जाने पर
चेहरे खिल उठते हैं,
वह दिन आएगा—
जब कि
उजले धागों से, ज्योत्स्ना-समीरों से
उर भर जाते हैं
और पुष्पों का संगीत
मुखरित हो उठता है।
दिन हो या रात
आज मेरे हाथ
सपनों व समस्याओं के
दोनों छोरों को जोड़कर
रचते हैं इन्द्रधनुष।

अनुवाद : आचार्य पी. आदेश्वर राव

पंजाबी

1989

इस बार जीवित रहे तो … ▭ जसबीरसिंह आहलूवालिया

हाथों का मज़हब ▭ सोहन टण्ड

पूरा एक साल ▭ अम्बरीश

1990

मोमबत्तियां ▭ जगजीत बराड़

शरीर की जाति ▭ देवेन्दर कौर

पाश आएगा ▭ इक़बाल रामूवालिया

1991

संगीत के पंख ▭ प्यारासिंह सहराई

अंकुर ▭ हरनाम

एक लता-सी ▭ सरोद सुदीप

रूपान्तर

फूलचन्द मानव

इस बार जीवित रहे तो

▭ जसवीरसिंह आहलूवालिया

यदि इस बार सावन आया
यदि जमकर बादल बरसे
यदि रिमझिम-रिमझिम हो गयी
कोई भीगा मन तक आया

काग़ज़ की कश्तियों को
तुम्हारी और अपनी को
पानी में बहाएँगे

नौका में बैठकर हम
खोये हुए सपनों को
खोजकर ही लाएँगे

सीपियाँ और शंख चुनकर
भीगी-भीगी रेत पर
महल नित बनाएँगे

इस बार जो आये बादल
बादलों के साथ-साथ
उड़-उड़ ही जाएँगे

इस बार जीवित रहे तो
सतरंगी पेंग चढ़ा
झूलेंगे, झुलाएँगे

इस बार जो आयें सावन
साजन के गले लगकर
रोएँगे, रुलाएँगे
इस बार जीवित रहे तो ···

हाथों का मज़हब

— सोहन टण्ड

हे मेरे पंजाब !
तुम्हारे सामने सिर नहीं झुका सकता मैं
क्योंकि मौसम का मिज़ाज कुछ ऐसा है
कि शनाख़्ती द्वार पर इसे
'सोहनसिंह' कहा जा सकता है, या सोहनलाल भी,
तुम्हारी सम्पूर्णता सलामती की दुआ माँगने
मैं सिर्फ़ हाथ ऊपर उठा सकता हूँ
क्योंकि हाथों का कोई मज़हब नहीं होता !

हे मेरे पंजाब ! सिंह या लाल कहने के सिवा
तुम्हारे पास क्या रहा है शेष ?
ले-देकर कुछ प्रस्ताव, कुछ मोर्चे
कुछ सन्धियाँ, और संशय, कुछ जेलें, कुछ लाशें
हवा में चिंघाड़ते कर्फ्यू
नदियों दरियाओं के पानी में घुला बारूद
माताओं की पिटी छातियाँ, पिताओं की टूटी सोटियाँ
हाँ, हाँ, तुम्हीं बताओ मेरे पंजाब
इसके सिवा तुम्हारे पास बचा ही क्या है ?
    हे मेरे पंजाब ! हरे-भरे खेतों में खड़े—
    मैंने तुम्हें मिट्टी होते देखा है
और उस दलाल को हाथ में पकड़ी एक बहीखाते की
बरकत से सोना होते निहारा है।

तुम्हारे पास सिर्फ़ दो शब्द हैं—
हरी क्रान्ति ! सफ़ेद क्रान्ति !!

और उत्तेजित होने के लिए
ये शब्द पर्याप्त नहीं हैं
तुम ख़ुद ही कहो
कि हरी और सफ़ेद से सन्धि करके
क्रान्ति शब्द में, क्रान्ति जैसा बचता ही क्या है ?
वैसे मैं नहीं चाहता कि उत्तेजित हुआ जाए
उत्तेजित होने के स्थान पर सहज हुआ जाए
ताकि मेमने को मेमना
और छुरी को छुरी बोला जा सके।
हे मेरे पंजाब !
अब तेरे चौराहे पर कोई नहीं आता दीपक जलाने
अब रास्ता भी कौन पूछेगा ?
इन सीमाओं पर राही नहीं आते। अब तो हुक्म है—
'अँधेरा उतरते ही घरों में घुस जाओ'
लुकाछिपी का मौसम नहीं है
बच्चों को मुर्गों की तरह दड़बों में छिपा लो
हे मेरे पंजाब ! मुझे क्षमा करना
यह पूर्णसिंह का समय नहीं रहा
कि लिखा जाए—
'पंजाब में पैदा होना गौरव की बात है'
मैं पूर्णसिंह की तरह तुम्हें आवाज़ें भी नहीं—
लगा सकता
क्योंकि मैं जानता हूँ
मौत की मज़ाक करने वाली
वेपरवाह सादादिली से
नहीं फतह होगा यह क़िला, जीता न जाएगा।
क्रान्ति संग 'लाल' रंग मिलाए बग़ैर
यह दुर्ग जय नहीं होगा
और इस क्रान्ति के लिए दुआ माँगने को
दूसरे हाथों के साथ
मैं भी हाथ ऊपर उठाऊँगा
क्योंकि हाथों का कोई मज़हब नहीं होता।

पूरा एक साल

■ अम्बरीश

मर्तबान में वह
भर रही है आम की
खट्टी, रसदार, महकती फाँकें
और न जाने क्यों
भला लगता है मुझे
गहरे में कहीं
लगता है
कि ठीक-ठाक रहेगा आगामी साल

भले मालूम है मुझे
कि बिल्कुल गिरगिट होता है
आने वाला साल, कल
तो भी भला लगता है मुझे
यों देखना उसे
—ज्यों सँभाल रही, सहेज रही हो
अनदेखा भविष्य
और फाँक-फाँक, डली-डली
भर रही हो मर्तबानों में स्वाद,
सुरक्षित और शान्त

अचार डाल रही है
मेरी पत्नी
सुरक्षित कर रही है
पूरा एक साल

मोमबत्तियाँ

▭ जगजीत बराड़

प्रति पल, प्रति क्षण बढ़ती आती
मेरे घर की ओर
अन्धकारमय भीड़
मौज में सूरज मुक्त कहीं बसता है दूसरे छोर।

भूखी रात के काले पेट में
शह लगा बैठी भूतों की टोली
मेरे पिंजर पर नर्तन को
कितनी आतुर!

नृत्य मेज़बानी हित मुझको
निपट अकेला पीछे छोड़ जाने से पहले
तूने मेरे द्वार रक्त-कण कई बिखेरे
कोरे मटके फोड़ दिये मेरी दहलीज़ पर
काले मांह, सिन्दूर फैलाए
यह सारा तेरा आडम्बर
इसीलिए कि
भूतों को न लगे बेगाना
नृत्य - समय मेरा घर।

साज़-रहित चिन्तातुर सोचूं
नर्तन को संगीत ज़रूरी
मेहरबान तुम
कमी यह भी कर देते पूरी—
पहले मेरे होंठ काटकर

फिर अर्पण कर दे मुझको
इक नयी बाँसुरी !

उषा उभरे
नया पहनकर चेह्‌रा
तुम फिर मेरे ठण्डे घर में
पूर्व के दरवाज़े से
घुस आओ बन आगबबूला।

सादर आमन्त्रित
मैं तेरे अंगार सदा ही
नंगे हाथों पकड़ूँ
तुम्हें बल्कि
मेरे हाथों की शीतलता पर शिकवा।

क्रोधित होकर
फिर एक बार
टूणा करके
छोड़ चलो तुम मेरा आँगन
नये सिरे से फिर बन जाए
मेरा पिंजर
भूतों का मनोरंजन

न तू बदले, न मैं जानूँ
कौन पढ़ाता
मोमबत्तियों को
ना-जलना ?

शरीर की जाति

— देवेन्दर कौर

तुम कहते हो, चिन्तन की कोई जाति नहीं—
कोई मज़हब नहीं होता
यदि भरी दोपहर में सुलगती जवानी का नाम औरत है
यदि प्रसूति-पीड़ा में तड़पती माँ का नाम औरत है
यदि परदेस गये साथी की स्मृति में
प्रतिपल नयन बहाने का नाम औरत है
यदि युवा बेटे की लाश पर सिसकती,
चीखती ममता औरत है
माता सुलक्खणी की गर्भ-पीड़ा पर
कविता कहने का नाम भी औरत है

'यदि जानती जोगे को मर जाना है—
एक के मैं दो जन्मती'—गाने का नाम भी औरत है

'लोकां दीआं रोण अक्खीआं
साडा रोंदा ए दिल माहिया'—स्वर
सजाने का नाम औरत है

अहसास है या गीत
बेटा है या मीत
हर गीत, हर मीत, प्रत्येक रीति का
अपना मज़हब होता है
प्रत्येक मज़हब का अपना चिन्तन।

औरत / मर्द चिन्तन का ही नाम नहीं
शरीर का नाम भी है।

प्रत्येक शरीर की एक जाति होती है
इसलिए हर चिन्तन का नाम
चिन्तन भर नहीं
औरत या मर्द, नर-नारी भी होता है।

पाश आएगा

— इक़बाल रामूवालिया

पाश आएगा :
छलनी - छलनी 'लोहकथा' लेकर
घायल शब्द लेकर, तड़पती लय लेकर
शब्दों से फिसलते अर्थ सँभालने की चिन्ता लेकर···

पाश आएगा : बहुत व्याकुलता से लौटकर
वह बन्दूक की नाली पर नज़र दौड़ाएगा
राइफल के घोड़े पर सवार पंजे का
कविता से बहुत दूर हो—अनुवाद देखेगा।

फिर गम्भीर स्वर में कहेगा :
राइफल का अपना कोई धर्म नहीं होता

राइफल की पीठ पर सवार पंजे का आचरण देखो :
पंजा बदचलन है न, राइफल बदकार होगी,
औ बेइतवार होगी। यदि पंजा हल्का कतूरा है
राइफल खूंखार होगी,
और राइफल का अपना धर्म नहीं होता···

वैसे भी दोस्तो !
नाली राइफल की कविताएँ नहीं रचती
न प्रेमी के पत्र के लिए स्याही लाती है
न ही मासूम बोलों के लिए झुनझुना बनती है
न अन्धी, कमज़ोर नज़र के लिए सुरमचू होती है

राइफल की पीठ पर सवार पंजे के चेहरे को पहचानो :
राइफल का अपना कोई धर्म नहीं होता···

पाश आएगा…हमारे कवि-भ्रम को झकझोरेगा
वह हमारी कल्पना के आकाश को चुटकी लगाकर
बीयर की झाग के एक बुलबुले में उतारेगा
हमारे रेत के पंखों को फूंकें मारकर चूरेगा, कहेगा—
दूर फेंको तारीफ़ में मिलीं ये कीमती कलमें,
अपने घर के पीछे, अपनी कापियों में झाड़ दो—
हल्की कविताएँ, अपने कमरों के छिलकों से बाहर आओ
और सड़कों को, दीवारों को, छलनी हो गए दरवाज़ों के
भय को यारो, अपनी पलकों से खुद झाड़ो
घड़ो फिर कलम-सी तुम उंगलियाँ अपनी
औ दरवाज़ों, सड़कों,
दीवारों पर, रक्त के साथ-साथ
लिखकर गुनगुनाओ, समय के सत्य की चट्टान-सी
खुरदरी कविता…अपने कपड़ों में से
फीके गन्ध के ये झोंके, उधर फेंको;

और पड़ौसी की शरारत-तले जो चुपचाप धुखती है—
सुलगती है, वह बदशक्ल नफ़रत का ख़ुरा सूंघो
जड़ें जानो, गद्देदार सेज पर सोती पत्नी के अंगों से
अलग हटकर, सुलगती देह हो चली मुहल्ले की
फिज़ा को भी तनिक टटोलो !
जिस्ती फिज़ा के मोहरे, हवा में लटकती फिर
अपनी कविता को पहचानो दमखम…
मण्डनों के विलायती ताल से,
यारो, क्षमा थोड़ी-सी ले
तनिक गुज़रो, त्यौरी बनकर इस शहर के
खामोश रेले में से ।

पाश आएगा और हमें खोलकर बाहर लाएगा
पाश आकर कहेगा—पुस्तकालयों के मूक
शेल्फों को, बोझिल काग़ज़ों पर वृद्ध हुए
किताबी फलसफे के भार से मुक्ति दिलाओ।
वृद्ध, बलहीन दर्शन की जगह, दीवारों - सड़कों को

पढ़ो - परखो और गली-मुहल्लों से गुज़रती हवा की
बदलकर हँसी को नग्नवृत्ति में स्पर्श करो !
हवा में घुल रही त्रिशूल की हर धार संग विवाद करो
लोह - बाटे में परदे से घाले जा रहे तेजाब को खोजो
खण्डे के और त्रिशूल के जलते सिरों पर से
राज-दरबार की छतरी की छाया खुरच डालो ।

गूंगी पुस्तकों की जगह,
जीवित सड़क की हर जीभ को
पूछो, पूछने दो; जड़ ग्रन्थों को सरकाओ, पीछे हटाओ !
चलते फिरते पेड़ों के सिरों में सुलगते हर घोंसले का
भेद पहचानो, अण्डे में ही जो नोक चाकू की बनती है
चिड़िया के बोट की उस चोंच का भूगोल खोजो !
अपने खोल में से बाहर आओ, खुद को और पाश को
ठीक से पहचान लो !

संगीत के पंख

— प्यारासिंह सहराई

आप चन्द्रिका को नहीं ठूँस सकते
तिजोरियों में,
किरणों को गद्दों तले नहीं दबा सकते।
सूर्य के रंगीन रूप को
थैलियों में नहीं ढाँप सकते
झरनों के संगीत को
वस्तु भर नहीं मान सकते।

कर्म-श्रम को भी
संगीत के पंख लग रहे हैं
सतरंगी रूप मिल रहा है उसे
एहसास मिल रहा है चाँद - चाँदनी का
उसे भी अधिक देर
वस्तु बनाकर नहीं रख सकोगे तुम

श्रम तो
पक्षियों की चहचहाट की तरह
बन्धनमुक्त होता है
नदियों की तरह
कलकल करते बहता है
इसे तो
श्रमिक के गगन में
सतरंगी बनकर
खुशियों की फुहार लगानी है

श्रम हड्डियों की सड़न नहीं रहेगा
यह तो मनुष्य का गीत बनेगा
आत्मा का संगीत
जीवन का सौन्दर्य !

अंकुर

▭ हरनाम

मैंने जो कुछ सोचा है
उसका आधा-चौथाई ही लौटा दो
मुझे खामोश करने को !

मेरे ये शब्द सुनकर
कोई देव-कलश जैसा
उभरेगा चौराहे से
आँखों में से रेत फेंकेगा, मुँह से बुदबुदाएगा
बिना आँख, बिना कान, पत्थर
सड़क पर सरक उठेंगे
अधूरे कर्म के लिए, जिस कोने में से कोई खरगोश
रक्त-सना सूली पर चढ़कर हँसेगा, और कहेगा—

यदि इस युग में कोई ईसा दरकार है
तो मैं हाज़िर हूँ।
(लेकिन वह जानता, न मिलेगा इसका उत्तर)

इन खेतों में अब आलू नहीं
हाथ उगेंगे, नींद जैसे
मण्डी से मेरे घर को आएँगे
आज्ञाकारी
मात्र मैं ही जानता हूँ

मैं अपने घर न होऊँगा
आज जो नयी मौत मरा मैं
उसका प्रतिबिम्ब जी रहा हूँ

अब गुज़रे हुए वक़्त में से
कोई भी रात मुझे मार नहीं सकती
जो मुझे मारना चाहे
तो मैंने जो कुछ सोचा है
उसका आधा-चौथाई ही
मझे लौटा दो ।

एक लता-सी

— सरोज सुदीप

जली हुई जगह फिर बढ़ जाती है
एक लता-सी—उस पर बैठा पक्षी
उसे तुम्हारा चित्र दिखता रहता है—

कभी हवा में, कभी पानी में
कभी किसी लड़की में
कभी अपनी ही साँसों में
कभी वह हँसती है
कभी सिसकी भरती है
कभी सुझाव देती है, अक़्ल जैसा···
बढ़ी हुई लता झूम उठती है तो
छयाली साल एकत्र होकर पलों में बदल जाते हैं
लड़की ने छत से ख़त फेंका
लड़के ने उठा लिया
समन्दर की लहरें गिनते हुए—गिनी नहीं जातीं
लेकिन लड़की को लगता
आसमान की नीली छत पर जा बैठते
चाँद, सितारे, ईश्वर और वह।

समीप रूठे आलोक का दरिया
बहता रहता है।

कितने पहाड़ आये,
आदमी उन्हें हटाने में लगा रहा

कितनी खाइयाँ आयीं,
आदमी उन्हें भरने में लगा रहा
कितने मौसम होते हैं वर्ष में,
चार ! लेकिन आदमी के जाने का कोई मौसम नहीं होता

जली हुई जगह फिर बढ़ जाती है
एक नगर-सी ।

बांग्ला

1989

माँ और बेटी — जयगोस्वामी
आधी रात अँधेरे पुल पर अकेले — समरेन्द्र सेनगुप्त
स्याह-सफ़ेद — नीरद राय

1990

हिंसा — सुबोध सरकार
हिमशिला — विप्लव माझी
इसके बाद — बुद्धदेव दाशगुप्त

1991

हे सखे ! — सुभाष मुखोपाध्याय
कारोबारी — रफ़ीक़ आज़ाद
स्मृति-सन्तति — दिव्येन्दु पालित

रूपान्तर
डॉ० रणजीत कुमार साहा

माँ और बेटी

— जय गोस्वामी

एक रास्ता जाता है उनींदे गाँवों तक
एक रास्ता घाट पार कराने वाली नाव तक
एक रास्ता पंखधारी देह तक
माँ, मुझे सारे रास्तों के बारे में पता है।

दिन ठहर जाता है पेड़ के नीचे
और रात परियों के घर
सीढ़ियाँ फलाँगती आती हैं धूप और रोशनी
माँ, अब मैं तमाम उजालों को झेल सकती हूँ।

यह आकाश दरक उठता है रह-रहकर
यह आकाश ख़ुद को गँवा बैठता है बादलों में
माँ, मैं तारों की शक्ल में,
सारे आकाश में छिटक गयी हूँ—
और इस आकाश में चल रही है एक निर्बन्ध नाव।

माँ, मेरे हिस्से आया है एक पोखर पानी
जिसमें डूब-तिर रहा है सारा गाँव।

"चल, परे हट मुँहजली, कुलच्छनी,
तू पड़ गयी न ढाई आखर के भँवर में !"

आधी रात अँधेरे पुल पर अकेले

— समरेन्द्र सेनगुप्त

गंगा को वश में करते हुए पुल ने देखा आकाश की ओर
मानो नक्षत्रों के मुक्तांगन को निहार रहा हो युवा भगीरथ
वह खड़ा है लेकिन उसके हाथों में वह सिर्फ़ नहीं
जिसके प्रचण्ड नाद से गूँज उठे थे स्वयं भगवान
और सागर की समस्त सन्तति को भस्म कर
स्वयं ही एक भीषण जय-जयकार में ढल गये थे।

इस पुल में लगे लोहे ने जुगाहा है उत्साह
कंक्रीट ने इसमें जोश भरते हुए कहा कि मैं तुम्हारे साथ हूँ
तुमसे जितना हो सके, जल के ऊपर सीना ताने खड़े रहो।

जो जल ज्वार बनकर उफन पड़ता है
जो छोटे-मोटे स्टीमर के सीने में
हुंकार भरता उमग उठता है
समुद्र के मुहाने से अलग टूटकर जिस ज्वार ने
जेटी तक को पीछे ठेल दिया है।
इस पुल को देखकर क्या वह सहम नहीं गया होगा ?

यह तो इंजीनियरों को ही मालूम है कि इसके खम्भे
गाड़े गये हैं पानी में कितने गहरे।
एक दिन हम भी बाबू बनकर यहाँ आएँगे
और ऊपर पुल से नीचे झाँककर देखा करेंगे
नीले सागर के सीने पर तैरने वाले जहाज़ों को।

भला कितनी है गंगा की उम्र
सुना है कलकत्ता ही अब तीन सौ साल बढ़ा शहर है

हमारी सारी खुशियाँ भी बूढ़ी हो चली हैं इसके साथ।
तकलीफ़ होती है सिर्फ़
ताज़ा खिलती कलियों को प्यार करते हुए
हाथों में हाथ डाले जो आज भी बैठे हैं किनारे पर
उन हाथों को हटा लेने पर
मैं दुख और अनुताप से हो सकता हूँ भस्म।

अब भी चाँद के जगने और नक्षत्रों के जगमगाने पर
यह अधूरा और दूसरा पुल
पहले पुल को निहारता रहता है चुपचाप
सुनता रहता है टैक्सियों की कर्कश चीख़
झेलता रहता है दौड़ते-हाँफते वाहनों—
और मिनि बसों की शोख़ हरकतें।

हाँ, तो इस पुल को पारकर कहाँ पहुँचूंगा मैं
हरियाली का सन्देशा ढोने वाले
किसी तस्वीरनुमा गाँव में
या अनाज के लिए तरस जाने वाले
किसी नामालूम शहर में
जहाँ के लोगों की आँखों में
अगर नींद ठहर आये
तो लाख सुबह उतर जाये—जगना ही नहीं चाहते !

तो फिर मैं क्या हूँ !
मैं क्या किसी ट्रेन का रतजगा अनुतप्त अंधेरा हूँ
टूटी हुई खिड़की से तारों और
नक्षत्रों का पहाड़ा रटते-रटते
बीत चुका है जिसका सारा वक़्त
उस पहले और दूसरे पुल की छाया-तले
कोई तीसरा, दिलजले विरही की भूमिका में तो नहीं !

जिसने अब तक प्रेम ही नहीं किया
वह क्यों झेल रहा है प्रेम की इतनी पीर !

मैं पुल पर खड़ा सुन रहा हूँ
लोहे की झनझनाहट और सीमेण्ट की सनसनाहट।

नीचे हुगली में डोलती नावें
पानी में घुनाक्षरी घोल रही हैं
बड़े-बड़े जहाज़, लौट रहे हैं
मुहाने की तरफ़ आहिस्ता···आहिस्ता

मैंने सोचा था नदी के किनारे
घुटने भर पानी में
मेरी रतजगी आँखों के एक-एक आँसू देंगे गवाही
कि कहीं भी, कुछ भी नहीं होता
सिवा
रेलयार्ड से इंजिन के चीख़ने के।

स्याह - सफ़ेद

— नीरद राय

खौफ़ की पीठ पर से गुज़रता रहता है
एक आदमी—पूरी ज़िन्दगी
और एक दूसरा आदमी
क़लम से काग़ज़ पर—
इस खौफ़ का तर्जुमा करता रहता है ।

एक आदमी रहस्य से हरियाली चुराकर
नये-नये घर बनाता है
अपने बाल-बच्चों को अंग्रेजी स्कूल में पढ़ाता है
दफ़्तर की पहली मंज़िल से पाँचवीं मंज़िल तक
तेज़ क़दमों से आगे बढ़ता जाता है ।
गर्मी में या पूजा की छुट्टी में सपरिवार
नैनीताल या गोआ की सैर को जाता है

और एक आदमी उस रहस्य को
जीवन भर जीता रहता है
और बादलों से भरे आकाश की तरफ़ देखकर
छोड़ता रहता है गहरी उसाँस ।

एक आदमी रात और दिन के फ़र्क़ को
अच्छी तरह महसूस करता है
एक चालाक आदमी की बुलन्दी और उसकी सारी तैयारी
उसके नखदर्पण पर होती है
तभी धान की सुनहरी रंगत

और गेहूँ की झूमती बालियाँ
बाढ़ और सूखे से उसे कोई मतलब नहीं होता।

और एक आदमी जो यह सब, कुछ भी नहीं समझता
एक सीधी-सादी रेखा पर
बढ़ता चला जाता है
ठोकरें खाते-खाते।

हिंसा

▭ सुबोध सरकार

जिसके जीवन में किसी नारी का प्रवेश नहीं हुआ
क्यों वह किसी दिन घर से बाहर निकलकर
बढ़ जाता है, हिंसा के पथ पर।
क्या करते हैं ये आवारा और नाकारा लोग ?
बैठे - बैठे चाँद निहारा करते हैं ?
कैसा लगता है इन्हें चाँद ?
इससे तो बेहतर है कि
बिल्ली की पूँछ पकड़कर खींचें !
बाप रे !
बिल्ली की पूँछ ?
चाचा चैपलिन बता गये हैं—
यह भी एक तरह की हिंसा है ।

अच्छा, जहाँ पाइन के पेड़ हैं
घाटी है, हरियाली है, मानसरोवर है
वहाँ के लोग भला कैसे उग्रवादी हो जाते हैं ?
क्या पेड़ हमें कुछ भी नहीं सिखाते - बताते ?
क्या मानसरोवर गूँगा है ? कुछ नहीं कहता ?

मान लीजिए मुझ पर पड़ा हो हिंसा का दौर-दौरा
गले की नसें मेरी फूल उठी हों रस्सी-जैसी,
मैंने अपनी बीवी को, पंजाब के
एक रेलवे स्टेशन पर उतार दिया
और ख़ुद एक दूसरे स्टेशन पर उतर गया
क्या मेरे मन की हिंसा कम हो जाएगी इससे ?

मैं फ्रैंकेनस्टाइन के बारे में सुना करता था
अब काली रात वाली—
एल टी टी ई के बारे में सुनता हूँ।
फ्रैंकेनस्टाइन कहता है कि हम
जिन-जिन लोगों का पीछा करते हैं
क्या उनकी ज़िन्दगी में
औरतों का कोई दख़ल नहीं होता ?
ज़रूर होगा।
ऐसा न होता तो औरतों की दख़लन्दाजी से
हिंसा कम हो गयी होती
और हिंसा कम हो गयी तो क्या
औरतें दाख़िल नहीं हो पाएँगी ?

उस स्कूल के टूटे मुँडेर पर
कोई साल भर से चील का जोड़ा, बैठा है
लोग कहते हैं कि इस जोड़े की मादा चील अन्धी है
अगर चील अन्धी होकर भी ज़िन्दा है
तो क्या हम जी नहीं सकते ?
क्या हम उसे मार डालें !
सचमुच !
और उसका कटा सिर थैले में लिये हाजिर हो जाएँ ?

कटा सिर !
माफ़ कीजिएगा
हम सबको कोई जानलेवा बीमारी हो गयी थी
अब वह बीमारी तो दूर हो गयी
लेकिन उसके बदले हमें मिली है हिंसा
अब हम किसी पर विश्वास नहीं कर पाते
ताज़ा खिला गुलाब देखकर भी चौंक-चौंक जाते हैं
क्या तुम भी वैसा ही कोई फूल हो ?
सचमुच !
कोई तक्षक कुण्डली मारकर तो नहीं बैठा
तुम्हारे अन्दर !

हिमशिला

— बिप्लव माझी

मैं चाहता हूँ
इस धरती को तुम
थोड़ा-थोड़ा कर ही सही
समझना तो शुरू करो।

तुम ख़ुद अपनी आँखों से देखो
किस तरह खण्डहर में तब्दील हो गये हैं
इतिहास के सामने
और पथराने लगी है हवा
किसी बुनियाद के बिना
भटकाती—बिर्राती हैवानी चीख़ में।

तुम ख़ुद देखो
इन्सानों को कितनी तेज़ी से
फ़ालतू चीज़ों और कचरे के ढेर में फेंककर
बढ़ गये हैं हमलावर
ख़ूँख़ार जानवरों से कहीं ज़्यादा ख़तरनाक
हथियार हैं उनके पास
घूमता चला जा रहा है वक़्त का आईना
इस रोशनी और अँधेरे में अब
'कोई तो आकर बचा ले' जैसी पुकार
एक बार नहीं, हज़ार बार
जमकर हो गयी है—हिमशिला।

कोई नहीं जानता
क्या लिखा है
भविष्य की कोख में पल रही धरती के लिलार पर,
सारी दीवारें एक--एक कर ढह रही हैं
आसमान के आख़िरी छोर तक फैली
अपनी आज़ादी के साथ क्या करे—
यह तय नहीं कर पा रहा है आदमी
धूल और कोहरे के बादल
लीलते जा रहे हैं आदर्श और विश्वास।

वक़्त का कन्धा छुआ नहीं
कि तुम समझ जाओगे
इस जानी - पहचानी धरती का एक-एक पल
पथराये सूरज की तरफ़ बढ़ता
तिल-तिल कर
होता जा रहा है विलीन···

इसके बाद

— बुद्धदेव दासगुप्त

अरे भाई,
पके हुए बाल मेरी नाक के !
ऐसा तो कभी नहीं सोचा था
कि इतनी जल्द तुम्हारे दर्शन होंगे ।

अभी तो ढेर सारे काम बाक़ी हैं भाई
एक खटिया ख़रीदनी है अभी
है अभी फूल ख़रीदना बाक़ी
और ले आने को हैं ढेर सारी अगरबत्तियाँ
इसके बाद—
बाक़ी है अभी लम्बी तान के सोये रहना ।

अरे भाई, मेरी नाक के बाल !
तुम इसके बाद मुझे कहाँ लेकर जाओगे ?
किस देश में, किस गाँव में
किस पेट में और किस पिटारे में ?
अगर किसी की कोख में डालना हो मुझे
तो देख लेना
वह पहले से ही डरी और सहमी ना हो
नीली न पड़ी हो आसमान की परछाईं से

और ऐसी जगह मत डाल देना
जहाँ लोग नहीं देखते हों कोई स्वप्न
यहाँ तक कि दुःस्वप्न भी नहीं ।

हे सखे !

— सुभाष मुखोपाध्याय

अपना यह रथ यहीं रोक लो केशव !
तुमने जो दिया है मुझे तत्त्वज्ञान
बीत गये उसके दिन ।
इस नारकीय कुरुक्षेत्र को छोड़कर
हम चाहते हैं
अपने पाँव तले की ज़मीन ।
राज्य का लोभ
हत्या
और मार-काट
अब और नहीं ।

हे नरोत्तम !
तुम्हारा हाथ थामकर
सारे भुवन में
फैल जाये अब
सुख, समन्वय और शान्ति
योगक्षेम और प्रेम ।

हे सखे !
इस कुरुक्षेत्र में,
इस शुभ घड़ी में
जन्म ले
दुःखहरण और चपल चरण
हृदय-वृन्दावन ।

रथ रोक लो केशव !
तुमने मुझे जो विचार और बोध दिया
उसके दिन बीत गये ।
हे कमलनयन !
अब उन नये विचार-पथ की ओर देखो
जो खुल गये हैं,

अपना यह पांचजन्य कहीं और हटा रखो सखे !
और अपने होंठों पर बंसी लेकर
एक बार फिर से छेड़ दो वह मधुर स्वर-लहरी
और सारी दुनिया की सुध-बुध छीन लेने वाली
तुम्हारी मीठी मुस्कान से
धन्य हो सबका जीवन ।

कारोबारी

— रफ़ीक आज़ाद

तुम सबकी शानदार व्यस्तता देख-देखकर आज
आदर और श्रद्धा से झुक जाता है मस्तक।
अपने दोस्तों को झुक-झुककर, भई वाह,
'सर' और 'सरकार' कहकर बुलाने की होती है चाह।

सचमुच, तुम सब-के-सब पूरे सप्ताह
कितने व्यस्त रहा करते हो
मेरे जी में आता है कि काश,
मैं भी हफ्ते में छह-छह दिनों तक लगातार
फ़ोन और फ़ाइलों में ही जज़्ब रहूँ।

इन दौड़ते-फलाँगते छह-छह दिनों के एक-एक पल
तुम सब कितने चौकस और चौगिर्द
चाक-चौबन्द रहा करते हो
टर्राती रहती हैं सॉफ्ट-टच रंगीन घण्टियाँ
सुबह से शाम तक,
कभी-कभी तो देर रात तक
और बढ़ा देती हैं तुम्हारी व्यस्तता
वजह और कुछ क्या होगी !
तुम्हें तो मतलब है बस कारोबार से
माल पहुँचा कि नहीं···पहुँच गया न !
तुम चौकन्ना रहते हो डालर और येन की लूट में
सारे दिन रहते हैं व्यस्त तुम्हारे फैक्स
लेन-देन और आमद रफ़्त का तालमेल
वातानुकूलित व्यापार और
सेन्ट्रल हीटिंग इम्पोर्ट एक्सपोर्ट···

मैं दिन भर सुनता रहता हूँ ढेरों बातचीत
तुम्हारी एफ. ओ. बी, सी. एन. एफ. और
एल. सी. के खुलने की तारीख़
दुनिया-भर की मण्डियों में कौन-कौन-सा माल
ख़रीदा और बेचा जा सकता है किस क़ीमत पर…
कितनी जल्दी…
इन बातों को…इन कोडों को
तुरत ताड़ लेते हैं इनको तुम्हारे मुंशी और मशीनरी
और ज़रूरत पड़ने पर तुम प्याज के छिलके की मानिन्द
बड़ी आसानी से कर सकते हो अपने सारे
सरोकार को दरकिनार
क्योंकि तुम्हारा भूगोल तुम्हें तंग नहीं करता है।

तुम्हारी तरह मेरे भी जी में आता है कि
मैं भी चला जाऊँ जंगल की तरफ़
और डाक से तुरत भिजवा दूँ कि
मेरे स्टाक में क्या-क्या पड़ा है ओ मेरे देश के सौदागरो!

अब यह फ़ेहरिस्त तो काफ़ी बड़ी है
तो भी कुछ का हवाला दे दूँ:
मीठी सोनल छाया से घिरी हरियाली
धानी फ़सल
दूर-दूर तक फैले खेत
चरवाहे की बंसी
सुन्दरवन के सारे चीतल और हरिन
लताओं से लिपटा घर का ख़ामोश कोना
बरामदे पर अलसायी पसरी धूप
एक अल्हड़ नदी का जल
और जितनी दूर तक दीख पड़े
उतनी दूर तक का आकाश…

स्मृति - सन्तति

▭ दिव्येन्दु पालित

सन्तति से हीन स्मृति
बार-बार लौट आती है
अकेली हवा के साथ-साथ
और कभी-कभी ऐसा आभास होता है
कि वह सेमल-तले से
गुज़र जाने वाली कोई ट्रेन हो।

आँचल के गिर्द उस बेशरम तितली को
उड़ा देने के पहले
उससे तकते हुए
तुम किसी उधेड़-बुन में तो नहीं पड़ गयी !
और आहिस्ते-से सौंपकर एक छोटा प्यार-भरा चुम्बन
यह सोचकर दबे पाँव चली गयी
कि अब तो ब्याह होने ही वाला है।
यह तो उसे ही होगा पता
कि वह क्यों बिन्दास डोलती रहती है
हवाओं में—
और अदीठ पराग को
उँगलियों की पोर से छूकर - छेड़कर।

अपनी सन्तान समझकर
बड़े प्यार और दुलार से
सारा कुछ तुम्हें ही तो सौंप देता हूँ मैं
क्योंकि तुम्हीं तो हो वह बीजभूमि
जिसकी ममताभरी हरी कोख से फूट पड़ने को हैं

सुनहली बालियाँ
और ढेर सारी उम्मीदें।

अचानक हवा में,
वहीं स्मृतियाँ डूबती-उतराती हैं
ऐसा जान पड़ता है कि
खड़ी है कोई
कभी बहुत पास
और कभी बहुत दूर
और उसके हाथ अचानक ठहर गये हैं
अपना आँचल समेटते-समेटते
और बालों को सहेजते-सहेजते।

मराठी

1989

जंगल में आदमी — सुखराम हिवराले

बरोहें — कुमार अनिल

श्वेतपत्र — शरण कुमार लिंबाले

1990

अनुभूति — आसावरी काकडे

सलीब — दया पवार

मँडुए से लिपटी नागबेलि — भुजंग मेश्राम

1991

मक्खी — शंकर वैद्य

मैं उलझा नहीं — अशोक नायगावकर

सर्पसत्र — नरेन्द्र बोडके

रूपान्तर

प्रकाश भातम्ब्रेकर

वसन्त देव

जंगल में आदमी

— सुखराम हिवराले

जंगल में जो गया आदमी
बना आदिवासी है कैसे ?
बोलो, यायावर जीवन का
उसे दिया व्रत किसने, कैसे ?

दौड़ाया है दसों दिशा में
कोई बताये, उसको किसने ?
बाँधी मानस - रात अँधेरी
उसके माथे, बोलो किसने ?

बना आज जंगल का प्रानी
बन्दी अपने जंगल का क्यों ?
बाँध दिया है प्यार को उसके
बन ही से औ' जंगल से क्यों ?

(रूपान्तर : वसन्त देव)

बरोहें

— कुमार अनिल

बरोहों के अपनी धोती उतार फेंकते ही
कंकाल नुमा देह हवा से चिपट जाती है
छिली हुई चमड़ी के भीतर से झाँकती सुर्खरु काया—
यहाँ तो कर्ण भी नाकाफ़ी सिद्ध होता है !
बरोहें अपनी देह बेचने लगती हैं सूर्य को;
वटवृक्ष के पूर्णतः झड़े हुए पत्ते
और डाल-डाल पर पंछियों की बीट
हवा के झोंके से उड़ने वाला बकला
मादक होंठों की ज़मीन···
धूप की झुलसन से ठीकरा बनी
झुलसनें, वासना की लपटों में धुंधुआती
पानी को तलाशती फिरती हैं

फिर भी समूचा वटवृक्ष शान्त-स्थिर···
निरन्तर ऊँचे-ऊँचे उड़ता आसमान
वटवृक्ष; नंगे बदन को ढकने
विलाप कर रहा होता है
और बरोहें······
बरोहें अधर में लटक रही होती हैं

(रूपान्तर : प्रकाश भातम्ब्रेकर)

श्वेतपत्र

— शरण कुमार लिंबाले

खोये हुए बालक-सा
प्रजातन्त्र
जो माँ-बाप का नाम भी नहीं बता सकता
न ही अपना अपना-पता
और सत्ता भी
मानो नीची निगाहों से रास्ता नाप रही पतिव्रता
अपने पति-संभोग के प्रति एकनिष्ठ
यहाँ का हर प्रस्ताव पूँजीवाद का पिट्ठू
कोर्ट-कचहरी-स्कूलों के अलावा
पन्द्रह अगस्त मनता ही कहाँ है ?
लाल क़िले की प्राचीर से प्रधानमन्त्री का
राष्ट्र के नाम पैग़ाम
छछोर लौंडों के रेडियो से सुनने में आता है
और छिनाल औरतों की मुँहजोरी में—
झरने वाली गाली-ग़लौज़

मैं अपनी बस्ती में लौटता हूँ दफ्तर से
अनिवार्य झण्डा-वन्दन की औपचारिकता के बाद
जबकि मेरी तमाम बस्ती मोर्चा में शामिल होने···
मैं हर एक की राह में
कल्लफ लगे झकाझक वस्त्रों में
मुख्य अतिथि द्वारा फहराये गये
राष्ट्रध्वज की तरह
अपने ही भाई बन्दों से 'जय भीम' करते हुए

महसूस करता हूँ
अपनी सिमटी-सिकुड़ी बन्धुता···
और निषेधाज्ञा तोड़कर बन्दी बना मोर्चा
अपने ही भीतर।

(रूपान्तर : प्रकाश भातम्ब्रेकर)

अनुभूति

— आसावरी काकडे

अथाह से मैंने अथाहता का राज़ पूछा,
तो उसने किनारों को खूब सराहा।
वजह न समझने से
मैंने किनारे से पूछा,
तो वह निपट अन्तर्मुखी अन्दाज में
निःशब्द खड़ा रहा !

झरने की कलकल जनित
स्वाभाविक उमंग के साथ
जश्न मनाने के दौरान
निःशब्द सरवर के स्पन्दनों को
कदापि नकारा न जाय !
झरने से सरवर बनने की प्रक्रिया में
कलकल उमंग की ऊर्मि भले ठहर जाय
फिर भी उसके संजीदा अस्तित्व को
हठात् न भुलाया जाय !

अपने ही सरवर के
अपने ही पानी में
आन्तरिक उर्मिल लहरें उठने से पहले
कभी ऐसा भी होता है
कि कोई आकर कंकर फेंकता है
तब उससे उठी जल-तरंगों को
हरगिज़ नकारा नहीं जा सकता
या कंकर फेंकनेवाले हाथों को रोकना भी
सम्भव नहीं होता।

(रूपान्तर : प्रकाश भातम्ब्रेकर)

सलीब

— दया पवार

ईशू ने कहा :
'दस्तक दो, खुल जाएगा'
लेकिन यह तो बलवाई दस्तक है
विपरीत क़दमों की
अतीत लक्ष्यी
स्व-गृहापेक्षी
जैसे मज़हब अपनी सन्तानों को
लीलने जा रहा हो
रक्त की धारा
मानो झीरियों से रिस रही हो

इस वक़्त
हर घर बन गया है चक्करघिन्नी
और घर में लगी बल्लियाँ
जिगर में गड़े सलीब
मज़हब-मालिक की मानिन्द
औ जिस्म बत्ती-बत्ती जलती लौ
ज्योत से ज्योत जग न सकी
पर लपटों में बदल गयी
और अपनी मौत
अपनी ही आँखों देखनी पड़ी
धू-धू जलता खाण्डव वन
धू-धू जलता खाण्डव वन

(रूपान्तर : प्रकाश भातम्ब्रेर)

मँडुए से लिपटी नागबेलि

— भुजंग मेश्राम

हमाम में जब निपट एकाकीपन का
तीव्र-तल्ख अहसास उसे होने लगता है
तब वह अकेली नहीं रह जाती,
उसकी अस्मिता उसी के इर्द-गिर्द
प्रतिमित होने लगती है, आत्मकथन-सी
मानो वह शीशमहल में खड़ी हो।
वह ख़ुद ही को अलग-अलग कोणों से
निहारती रहती है···
दरअसल उसी पल उसे अस्तित्व का निर्णय
करना होता है, और अपने ही समुहित
सन्तोष की एक उष्ण हुंकार
ख़ुद ही अपना स्वाद चखने के दौरान
उसका अकेलापन निपट एकाकीपन की दिशा में
खिंचता चला जाता है, मानो विस्तारित टिकट हो।

उसके अनिकेत निःशब्द पक्षी
दीवार से टँगे शीशे के सामने फड़फड़ाते हैं
पर वहीं किसी कोटर में बैठी चिड़िया
बेखबर, बिन्दास···
न हम ख़ुद को सुखी रख सकते हैं, न शब्दों को
दीवारी दरजबन्दी में सीमेण्ट भर पाने की
सामर्थ्य भी क्या हमारे पास नहीं?
दरार युक्त भूमि की तरह वह
सिकुड़ती चली जाती है···निर्जल

उसे एकाकीपन से लगाव है और
वह भीड़ को आँचल दिखाती है
वह सागर-गीत गाती है, दीवारों को सुनाती है,
वह सूर्य की स्मृतियों समेत ख़ुद को
कमरा-बन्द क्यों करने लगी है ?
शायद रविराज उसके सपने में आकर
लहू में रोशनीनुमा काजल बिखेर जाता है
वह झीरी से बाहर झाँकती हैं : पर्णविहीन वृक्ष,
मातमी बस्ती, सुनसान सड़कें…
रात्रिकालीन योनि की तरह आँखों के बन्द कपाट

उसका एक आँसू अँखुआ जाने से अब
उसके पास एक ही आँख बची है
उसी एक आँख से वह
ठूँठ वृक्ष से लटकते घोंसले तथा
उसमें चिंचियाते चूजों की ओर टकटकी लगाये है…
उसके मँडुए से लिपटी नागबेलि
फूल-फल रही है
और निगाह के ओर-छोर में फैला है
नीलाकाश…

(रूपान्तर : प्रकाश भातम्ब्रेकर)

मक्खी

▭ शंकर वैद्य

एक मक्खी अक़सर छोटे परदे पर मँडराती है
मजाक़िया, खोजी और मुटल्ली-चुटीली···
अभी परसों की बात है :
'आज के मुख्य समाचार' समाचार वाचिका के मुँह से
यह सुनते ही मक्खी उसके गाल पर आ बैठी, बिन्दास···

चन्द्रमा की दिशा में छोड़े गये रॉकेट सम्बन्धी
समाचार के शुरू होते ही
मक्खी वाचिका के चेहरे की परिक्रमा करती रही,
लिपस्टिक के दाम में बढ़ोतरी सम्बन्धी
समाचार के शुरू होते ही
मक्खी वाचिका के होंठों के नीचे आ बैठी···
तिस पर वाचिका तनिक मुसकायी···महीन···मोहक
किसी के निधन सम्बन्धी समाचार से
मक्खी का कोई सरोकार नहीं था
वह तो अपनी ही धुन में मस्त, टोह ले रही थी।

एक दिन किसी कार्यक्रम हेतु दूरदर्शन केन्द्र में गया
मक्खी से हठात् साक्षात्कार हुआ
वह मिसरी की डलिया पर मस्ती से बैठी थी,
जो गला साफ़ करने गायिका ने वहाँ रखी थी
और फिर वह जा बैठी खट्टी-मीठी गोली पर
जो गले में ऊष्मा पैदा करती है
तब मैंने महसूस किया : मक्खी के भी पापी पेट है
उसे भी मीठे की आदत-सी हो गयी है !

पारिश्रमिक के चेक को मैं एक निगाह
खुशी-खुशी देख रहा था, कि
वह फौरन उस चेक पर भी आ बैठी
मुझे खिझाने…
मैंने चुटकी से उसे भगाया तो हो गयी नदारद
आँखों से ओझल
उसके बाद लम्बे अर्से तक छोटे परदे पर
वह दिखाई नहीं दी
तो मुझे लगा : कहीं वह मर तो नहीं गयी ?
मेरी निगाहें उसे छोटे परदे पर टटोलती रहीं
वाचिका के, सेब जैसे रंगीन गालों पर
लाली-पुते होंठों पर
खोजी अन्दाज में वह जा बैठती है
फिर चिकनी-सी ठोडी पर
यानी कि वाचिका के चेहरे के आस-पास ही
मँडराती रहती है…
और अब मैंने महसूस किया :
मक्खी मौत से परे है…।

(रूपान्तर : **प्रकाश भातम्ब्रेकर**)

मैं उलझा नहीं

— अशोक नायगावकर

हथियार डाल देने के अन्दाज में
हाथ ऊपर उठाकर
चलता, चलता रहा···पर मैं उलझा नहीं
मेरे हाथ बंधे थे
और मुँह सिलकर मैं बीच शहर स गुज़रता रहा

मेरी आँखें खुली थीं
काफ़ी कुछ मैंने देखा-बाँचा
इन कानों से काफ़ी कुछ सुना भी
फिर भी चुप रहा
मुँह तक न खोला···और मैं उलझा नहीं

मैं सपने में
लठ भाँजता रहा
मैंने शोण-लहू से
चित्र में लाली भर दी किन्तु उलझा नहीं

मैंने गीत गाया
विभोर होकर
और अप्रस्तुत की थाह
पाने का प्रयास करता रहा
मैं स्याही की दीवार रहा सँजोता
मैं अज्ञान की ज्योत रहा जगाता
पर कदापि उलझा नहीं

शरणपुर की यह राह
कई मोड़ों से गुज़रती है
और शरणदास मैं
हालातों की मीठी रोटी चींथता रहा
उलझा नहीं
शहर की पेशानी पर लहू जब छितराया
मैंने जीवन-पट भीतर से उढ़काया
मैं हथेलियाँ सँजोता रहा
सुकुमार तलुवों को सहेजता रहा
फिर भी हालात की नाभि को कुरेदा नहीं
मैं उलझा नहीं

(रूपान्तर : प्रकाश भातम्ब्रेकर)

सर्पसत्र

— नरेन्द्र बोडके

एक प्रच्छन्न शिशिर की ओट से
तुम्हारी बौर को निहारता हूँ मैं
तुम्हारे होंठों पर उगती कविता की कोंपलें
तुम्हारी आँखों का कजरारा सैलाब
तुम्हारी उन्मत्त निगाहों का नशा
मेरे बहिरंगी कलेवर पर सवार
एक ममी में दबे पड़े स्मृतिकोष जाग उठते हैं;
रेंगने लगते हैं अतीत की खाई में
दिल की अतल गहराई में खोयी
जवां-मर्द दिनों की सर्प-सरसर
प्रत्येक बाँबी से फुँफकारता है एक-एक फन
मणियुक्त व्याल कराल का···

अद्‌भुत की रोशनी में पढ़ता हूँ मैं
अपनी कुण्डली की गिचपिच लिखावट
ग्रह-गणितज्ञ बताते हैं
कि शनि की महादशा समाप्त होकर
बुध की शुरू हुई है
वे यह भी बताते हैं कि मैं सर्पश्रेणी का जीव हूँ
मैं सुन सकता हूँ
अचीन्हे क्षणों के फुँफकार;
मैं रेंगने लगता हूँ मायूस-सा
किसी घायल साँप-सा
त्रैलोक्य को गरल-मण्डित करना चाहता हूँ;

पर मेरे जबड़े में कुछ समाता ही नहीं

मेरी त्वचा में फुरेरी-सी होने लगी है
कहीं किसी के द्वारा
शुरू किये गये मन्त्रोच्चार से;
एक अदृश्य सर्पसत्र के दायरे में
खिंचता हुआ जा रहा हूँ मैं
खुद को बचाने के एक आख़िरी प्रयास में
तुम्हारे बौराये हुए
स्वर्ण-चम्पा के तने से
मैं लिपट गया हूँ···
तुम्हारी बहार को जज़्ब कर रहा हूँ
उस सर्पसत्र के मन्त्रोच्चारों के आरोह - अवरोहों को
फिलहाल दुत्कारते हुए।

(रूपान्तर : प्रकाश भातम्ब्रेकर)

मलयालम

1989

अद्वैत — मुल्लनेषि

उल्लू और चारण — पुतुश्शेरि रामचन्द्रन्

चादर — सावित्री राजीवन्

1990

पिछला पृष्ठ — एस. उन्निकृष्णन्

अफ्रीका का चेहरा — मुतुकुळम् गंगाधरन् पिळ्ळै

अनदेखी अनसुनी — श्रीकुमारन् तम्पि

1991

दवात और छत्रक — के. सच्चिदानन्दन्

जनवरी से — पेरुम्पुष़ गोपालकृष्णन्

कारागृह — अय्यप्प पणिक्कर

रूपान्तर

एस. जितेन्द्रनाथ

अद्वैत

— मुल्लनेषि

मनोवाक् कर्म को
तुम्हें समर्पित कर
निश्चय किया कि
बेटे ! तुम मैं ही हो।

फिर भी एक सन्देह
अगर हम एक होते तो
क्यों तुम और मैं—
यह दीवानगी कल्पना ?

पृथक्-पृथक्
हैं हम भी; सब कुछ—
एक होता
सुख ही सुख होता क्या…?

सुना है मैंने, सब कुछ
एक से आरम्भ होकर
एक में ही समाप्त होता है
एक मात्र सत्य।

उस हद तक पहुंच नहीं सका
इसलिए मुझे इष्ट है यह संसार
इसीलिए यह कहना इष्ट है—
बेटे ! तुम मैं ही हो।

मेरी इच्छा के विरुद्ध
हंसते दीखते, तुम से
कहना चाहता हूँ—
पिता को न भूलो।

कुछ पल दूर जाते ही
शीघ्र लौट आने का करता है मन,
जब आमने-सामने होते, पंख
विकसित नहीं हुए—सोचकर
डाँटना चाहता हूँ
तुम्हें, छाया बनाकर
पीछे रखना चाहता हूँ।

मैं और मेरे पिता, पिता और
दादा, तुम भी अगर
मैं बनकर कूदे तो
जलती दुनिया देखेगी।

उस जलती दुनिया के परे
हँसती धरती, आसमान और
अनन्त प्रपंच; और इस
अनन्त प्रपंच में आत्मसत्ता को खोजती
दाहक आँखों में
स्यन्दित निर्मल जल।

उल्लू और चारण[1]

— पुतुश्शेरि रामचन्द्रन्

दिनान्ध उल्लू है
शासन; सामने उसके
मेरे बंधे हुए
हाथों में क्या ?

उसे है प्रिय
अन्धकार की कोयल - कूक
सुनता है वह
आच्छादित सराहना !

तुम्हारे ध्वजारोहण
विजयोत्सव का, पुराना-
चारण[2] उड़ुक[3] बजाता है,
गाता है।

खिलने से पहले, महक
आने से पूर्व, काट-
काटकर फेंक दिया क्या
इन कलियों को ?

---

1. चीन के छात्र-विद्रोह के खिलाफ़ की गयी कार्यवाही की प्रतिक्रिया है यह कविता।
2. चालीस वर्ष पहले (1949, अक्तूबर 1) चीन गणतन्त्र बनने पर लिखी गयी कविता को लक्ष्य कर इस शब्द का प्रयोग किया गया है।
3. केरल में प्रचलित एक वाद्य।

कालिमा के प्रेमी तुम
डरते हो—फूलों की महक से,
बसन्त और प्रकाश से !

कहाँ हो हज़ार फूलों को
एक - साथ खिलाने वाले !

मार नहीं सकते
किसी को भी; स्वातन्त्र्य के
शुभ्र - प्रभात की ओर ही
विकसित होगा पंख।

हज़ारों आँखों से देखकर
कुपित होता है संसार
मैं भी आँखें मींच
चीखता - चिल्लाता हूँ…

मानव - स्नेह के
हे तत्त्वशास्त्र,
धर्मान्धिकों की
ख़ूनी तलवार हो तुम भी !

चादर

— सावित्री राजीवन्

पिघलती धूप से
टपका एक दिन
निस्यन्द मन से
एक और गीत।

बस स्टॉप की भीड़ में
रमणी करती है रोगालाप
फाइलों के बीच में
तनख्वाह बढ़ाने की चर्चा।

ग़लत (रेल) पटरी से हुई अपमृत्यु
सफ़ेद बाल का सड़क - छाप विज्ञापन
कुंजिरामन् की चालाकी
रंग - बिरंगे विशिष्ट समाचारों के
एक ही ताल।

नगर - मूर्धा में
व्यथित हृदय से
दिन छिपते
पड़ोसन सीता करती है इन्तजार
लंका प्रस्थित राम का,
अपशकुनों की काली बिल्ली···

सटीक समय दिखाकर चलती घड़ी में
आधी रात, जहाज़ (खिलौना) छोड़कर

उण्णि सो गया, दादा की चादर में।

पिघलती धूप से
टपका एक दिन
निस्यन्द मन से
एक और गीत।

पंचनदी के संगम में
युवाओं का आखेट
रामेश्वर तट पर
तीर्थ - यात्रियों की सेवा
इन्द्रप्रस्थ में
अनन्त एकांकी नाटक
डूबते जहाज़ में चीख।

इस चाँदनी - ढली रात में
इस अँधेरी रात में
दुःस्वप्नों से वंचित
एक चादर कौन देगा
कौन देगा चादर !

पिछला पृष्ठ

— एम. उन्निकृष्णन्

कल रात भी दोहराया यह सपना
पीछे बन्द होते दरवाज़े
छाया को भूलते प्रकाशानुरक्त
पायल की झंकारयुक्त अरुणित पैर
कहीं कुछ खोजती थकी आँखें
रेशमी - परिधान की कड़क आवाज़,
माथे पर सूर्य और चन्द्र[1]
हज़ारपादी[2] मण्डप में तल्लीन हो रहे थे
तरंगित ताल—लास्य - विस्तृत चाँदनी
ठण्डी हवा…

नींद खुलते देखा प्रायः
प्रस्थान - धूप का प्रवेश - द्वार
काव् (पूजास्थान) से मद्धिम लौ की गन्ध
दीवार से शुरू होकर चटाई तक जाते
चींटियों के मौन जलूस
मैं खुद को सूंघ रहा हूं
गले में कुछ अवरुद्ध हो रहा है
छत पर सूखे नवधान का गुच्छा
प्रवेश - द्वार में कुदेवी की पगध्वनि
आधा पीकर छोड़ा कच्चा नारियल
नितान्त स्मृति का मन - आकाश…

---

1. नाचते समय नर्तकी के माथे का कृत्रिम अलंकार।
2. नृत्य - मंच।

बन्द - कपाट सदृश यादों का
क्षीण हो जाना और दीप्त होना
भभकती लौ सदृश ।
अँधेरी गुफ़ा - भित्ति की दरार को
थपकते, ठण्डक का स्यन्दन
देखते चारों ओर पायल द्रवित हो जाती है
अब रात और दिन का असान्निध्य
अनन्तकाल इन्तज़ार…।

अफ्रीका का चेहरा

— मुतुकुळम् गंगाधरन् पिळ्ळै

चोंच से टपकता ख़ून, और
पंजों में अस्थिमाल लिये
पागल सफ़ेद गिद्ध
मँडरा रहे हैं दक्षिण अफ्रीका में।

पतितों और पीड़ितों के
बन्धु सखा बनकर
उदित हुए हो तुम कल, काले वर्गों की
मिट्टी को तुमने दी ऊर्जा, दिया प्रकाश !
(किसने किया था क़ैद इस श्याम-
सूर्य को—उसकी सुवर्ण रश्मियों को ?)
वर्षों तक क़ैद के बाद,
मुक्त होकर लौटे हो तुम !
वर्ण - वर्ग - विवेचन से ये
आँसू पी रहे थे उन दिनों
अग्नि - स्फुलिंग बन, तुमने
कर दिया संचार तेजस् का।

तुम्हारे स्वप्न - भंजन के लिए
चहुँ ओर बनाये गये अन्ध - कक्ष, और
होमकुण्ड की हवि - सा
जला - जलाकर दबाया तुम्हारा यौवन।
बाँध सकते हैं मनुष्य को, लेकिन
बाँध नहीं सकते स्वातन्त्र्य - कांक्षा
अन्त कर सकते हैं प्राणों को भूख से

सुखाया नहीं जा सकता अमूल्य आशय
बेड़ियाँ डाल मनुष्य को।

भूलेगा नहीं भारत गांधी को···
द्विदन्त चरित्र में सदा
है वह कथा—हम भूल जाएँगे क्या ?
तुम्हारा बन्धन, हमारा अपना बन्धन
तुम्हारा मोचन, हमारा अपना मोचन
अहो ! युगों की अन्धकारावृत
धरती पर तुम उत्तेजित हो जाओ
तो जला दें
इस छोटी मशाल को हम भी !

अनदेखी अनसुनी

— श्रीकुमारन् तम्पि

देर से जागी
खिली कली की
दैन्यार्थनाञ्जली
अनदेखी अनसुनी
अप्रतियोगी
रंग को छुए बिना
उत्सव छोड़कर
वापस हुई बहार !

आनन्द भैरवि
गाते बुलबुल
आलापन अधूरा छोड़
घोर जंगल के बसेरे में
मर्मरते तेरी
आँख के कोने में अश्रुबिन्दु
और बढ़ जाते
एक ही मुक्ता (मुत्तु) से
मुक्तामाला (मुत्तारङ्गल्/चुम्बन - वर्षा) का सृजन कर
मेरी स्वार्थपरता
हो जाती है रवाना !
क्रान्ति - विक्रेता
मुसाफिर को थोड़ा - सा
स्वप्नानुभव सिखलाती बसन्त
चित्र को नहीं दुहराता बुलबुल

गीत का विराम
जाने बिना
यह मुक्तामाला
बेचने में व्यग्र हो
भागता हूँ मैं
जब तुम स्तम्भित खड़े हो !!

दवात और छत्रक

— के. सच्चिदानन्दन्

हुई मुलाक़ात दवात की
एक कड़कड़ाते दिन छत्रक से
कम्पित खड़े छत्रक से
पूछा दवात ने—"तुम कैसे इतने गोरे बने ?"
छत्रक बोला :
"मैं स्वर्ग की एक परी था
ईश्वर से सवाल किया, तो
अभिशाप से जलकर एक छोटा - सा
काला बीज बनकर धरती पर आ गिरा
इन्द्रधनुष को देखकर
स्वर्ग की याद में, मैं उगा
मेरा पंख विकसित होकर
यह सफ़ेद छतरी बना।
हाँ ! तुमने तो नहीं बताया
कि तुम इतनी काली क्यों ?"

दवात बोली :
"धरती की माँ - परम्पराओं के
आँसू हूँ मैं,
दर्द के नृत्य से नीरस हुए
हृदय से बाहर आ जाने से
मिली मुझे यह कालिमा
अक्षर रूप में काग़ज़ पर
गिरना ही मेरा काम
मानव के बीजगणित से लेकर
महाकाव्य तक—हर एक में

मेरी दुरूह पहेलियाँ
मृत्यु की परछाइयाँ बिछाती हैं।
तुम्हारा गोरा और
मेरा काला होना
एक ही कारण से है।"
कहती हुई एकाएक
दवात छत्रक पर झुकी
तभी
चारों ओर अँधेरा छा गया।

जनवरी से

— पेरुम्पुष गोपालकृष्णन्

मृदु चुम्बन और हस्तदान से
नयी धरती पर मुझसे स्वागत कराने
उपवीथिका में मुट्ठी - भर फूलों से
जनवरी तुम फिर आयी हो क्या !

शुभ्र - विभात - विशुद्ध सदृश बिस-
किसलय के मृदु सौरभ - सी
फिर इस आँगन के द्वार पर
आयी जीवन - स्रोत ! तुम्हारा स्वागत !

जिस बिन्दु पर तुम पैर रखती हो
उधर से मैं देखता हूँ दूरी और वक़्त को
तुम्हारे मुख - दर्शन की बेला में
विगत - पथ की रेखा का
अवलोकन करता हूँ मैं।

दिनों से चौकोर बने काल के
पृष्ठ कितने पलट गया मैं
ज़्यादा काले और लाल-से
रंगित चत्वरख़ाने में
जीव - स्पन्दित ताल - लिपि से
क्या नहीं घसीटा मैंने !

मेरी आत्मा की स्पन्दन - मात्रा
और निस्सीम - सी, मोह के बीच
ऋतु - चक्र की मौली में विकसित

नवकुसुम - सी आ खड़ी तुम !

विगत दिन और आगामी कल की
संयोजक सूत्र - सी
परिवर्तित होती हो तुम !

अकस्मात् बुने सौहार्द का
तानाबाना टूटते,
प्रिया के मिलने और बिछुड़ने को,
प्रस्थान - धूप और छाया को,
कई बार निहारा तुमने !

तुम्हारे अविराम जीवन - सत्य के
पद - चिह्न खोजते इस यात्रा में
मुरली - ध्वनि की क्षति - सा
मेरा हृदय निःस्पन्द हो जाए
फिर भी सुस्मिते ! तुम्हारे
पदविन्यास का संगीत,
अविराम और निरन्तर बना रहेगा
उसी जीवन - धारा की ताल के साथ
मैं भी पहुँच सकूँ अगर !

कारागृह

— अय्यप्प पणिक्कर

तरंगों का कारागृह सागर, तट
कारागृह सागर का, पीपल वृक्ष
कारागृह विहगों का;
दिशाएँ कारागृह दिन की, दिन
कारागृह रात का; पवन का कारागृह आसमान,
मुख यह कारागृह आँखों का; भूख का कारागृह पेट,
मन है कारागृह मनन का; पर्वत कारागृह धरती का,
तस्वीर कारागृह आँखों की; मृदु सुगन्ध की
कारागृह नासिका, कुसुम का कुन्तल कारागृह;

प्रत्येक शब्द कारागृह रसना का, तेरा करवलय
मेरा कारागृह; यह करवलय खोलकर,
विमुक्त कर, दूर न छोड़ो इस चिड़िया को
सागर - ग्रस्त पवन से पंखों को
टूटने न देना, बिजली की कड़क से
मत फोड़ो कपाल, तेरे
मन के पिंजरे से बाहर अनाथ - सा
मुझे भटकने न देना,
अपनी उँगलियों से बँधा
हाथ न खोलो !

संस्कृत

1989

मेरे देश की धरती — रमाकान्त शुक्ल
क्या बोलूं — बच्चूलाल अवस्थी
आज — विष्णुकान्त शुक्ल

1990

क्या धर्म यही है — कपिलदेव पाण्डेय
निरस्त्रीकरण गीत — नलिनी शुक्ल
जापानी तान्का — हर्षदेव माधव

1991

ध्यानमग्न वाल्मीकि — कैलासनाथ द्विवेदी
नहीं मालूम ? — विन्ध्येश्वरी प्रसाद मिश्र
विवशता — सीताराम द्विवेदी

रूपान्तर
मधुर शास्त्री

मेरे देश की धरती

□ रमाकान्त शुक्ल

एक में अनेक मेरा भारत,
अनेक में एक है मेरा भारत।
एक अखण्ड अभिन्न मेरा भारत।

देवों द्वारा पूजित सुन्दर मेरा भारत।
कभी अगर इसके पाँवों में काँटा चुभता
पीड़ा से भर जाती मेरी सारी देह
इसके सिर की पीड़ा कर जाती मेरा सिर अधीर।

मेरा भारत—
इसमें बोली जातीं अनेक बोलियाँ
क़दम क़दम पर भाषा बदले,
रहन-सहन, व्यवहार बदलते,
ईश्वर, ख़ुदा, गॉड हों—भीतर से सब एक,
यह अभिन्न भारत है मेरा एक।

कोटि कोटि जन के हृदयों में बसने वाला,
नये त्यौहार और बाज़ार सजाने वाला,
सारी दुनियाँ को प्यार लुटाने वाला,
जग को जीवन का मूल्य बताने वाला,
मेरा भारत—इसकी जय हो।

नये कारखानों, उद्योगों को उन्नत देख,
लहराते खेतों, अन्नधनों से श्रीयुत देख,
विद्या का विस्तार, कला का रंजन, गुंजन,
देख विकास जीवन का प्रसन्न भारत-मन।

हो गगन, पर्वत-शिखर, सागर गहन,
हो मरुथल, या कि दलदल, निर्जन विपिन,
हर तरह से वीर सैनिक देश की करता सुरक्षा,
आज भारत देश मेरा गर्व से सिर को उठाता।

जब कभी प्रजातन्त्र पर संकट आया,
मौन हो गयी जनता और गला भर आया,
हर संकट में भय, प्रमाद, आतंक छोड़कर,
भारत गरजा अभय, समय का मौन तोड़कर।

जलती है जब कोई कुलवधू कहीं पर।
शोषण होता अगर किसी दुर्बल का भू पर,
आता हिंसा भाव अगर मानव के मन में,
मेरा भारत बहुत दुःखी हो जाता चिन्तन में।

आशावादी मेरा भारत
कभी निराशा नहीं मानता,
सद्‌गुण का पूजक, दोषों को नहीं जानता।
शान्त किया है क्रोध शान्ति से,
सदा शान्ति का प्यारा भारत,
दुनियाँ भर में लगा रहा है,
प्रेम शान्ति का नारा भारत।

जहाँ कहीं है सत्य, करुणा, उदारता,
जहाँ कहीं नम्रता, श्रम की उपासना है,
जहाँ अहिंसा, त्याग, ज्ञान औ' सहनशीलता,
वहीं कहीं यह मेरा भारत निज स्वरूप दिखलाता।

शासन, अनुशासन और प्रशासन वाला भारत,
धन धाम, निकाम अभिराम रूप वाला भारत,
तप जिसमें फलता है वरदान करोड़ों जन का
साथ चलें, साथ रहें, सुख भोगें सब जीवन का।

क्या बोलूँ

— बच्चूलाल अवस्थी

सभा में बोलने वाले सभी चुप हैं, मैं क्या बोलूँ ?
असत्यों के बड़े हैं बोल, सुन चुप हैं मैं क्या बोलूँ ?

जो होता है वही होगा न कोई टाल सकता है,
मगर कोशिश नहीं करते उदासे सब, मैं क्या बोलूँ ?

किया विश्वास था जिन पर जिन्हें घरवार सौंपा था,
अकेले में उन्होंने ही सभी लूटा, मैं क्या बोलूँ।

न जिनका नाम आता है किसी भी सभ्य के मुख पर
हुए सब आचरण में शत्रु, बोलूँ भी तो क्या बोलूँ ?

जिसे था जानवर खाता उसे इन्सां ने खा डाला,
अगर इन्सान को अब जानवर खायें तो क्या बोलूँ ?

अज़ब टेढ़ी हुई हैं आसमां की हर तरफ़ सीमा,
गरुड़ को ढोंगिया बगुला सताये तो क्या बोलूँ ?

अभी तक शेर हाथी थे, शिकारी अब हुए कुत्ते,
दशा यह देख गीदड़ को हँसी आये तो क्या बोलूँ ?

रटारट आज कौओं की निगलती आज मीठे स्वर,
इधर ये पुत्र कोयल के अगर रोते तो क्या बोलूँ ?

किया श्रम औ' रचा हमने नया जो गीत गाया था,
उसे सुन मित्र ही करते अगर निन्दा तो क्या बोलूँ ?

हमारी सभ्यता सौन्दर्य को गम्भीर कहती है,
उसे उपहास में सबने डुबाया है, मैं क्या बोलूँ ?

आज

— विष्णुकान्त शुक्ल

क्या हो गया आज नदियों को···
सूख गया अमृत समान मधुर जल इनका,
विवश मनुष्य कर रहा आचरण विरुद्ध जीवन का।

जिनके छूने से मन प्रसन्न होता,
                नहीं बहतीं गन्ध-हवाएँ।
शायद जनता की आहों से—
                कहीं ये जल न जाएँ।
धीरज धरती धरती,
                बीज निगलती रही रात-दिन।
फल चखने को नहीं मिला है—
                किन्तु एक भी पल-छिन।
श्रान्ति-विहीन हो गया श्रम,
रिश्वतखोरी सीस चढ़ी,
अनय और चाटुकारों से नेता की सम्पदा बढ़ी।
हाय,
तिलक दे रहा भाल—
                पैर का आज अँगूठा।
जहाँ गधे सम्मानित हों उससे सज्जन रूठा।
सत्य रो रहा आज,
मुक्त कण्ठ से पाप हँस रहे।
जिनके थे संकल्प अडिग—
                उनको सन्देहों के नाग डस रहे।
हंस बँध गये हैं बन्धन में,
बगुले मन से मुक्त हुए।
कौओं को तो दूध मिल रहा, कोयल विष से युक्त हुए।

आज सिंहासन विराजा पाप ज्यों साकार,
पाश में बँधकर पड़ा है पुण्य कारागार।
करुणाहीन नरों से शोषित है करुणा बेचारी,
डरी पाप से दूर खड़ी देख रही दुनियाँ सारी।
अनुशासनहीन हो गये नेता, ये जनता को भोग रहे,
इनके लिए कामिनी कंचन बस इनका संयोग रहे।
धूप गयी घर से धूम्रपान आ गया अधर पर अविरत,
फेंका गंगाजल, मदिरा भर समझे सब रक्षित।
श्रद्धा शास्त्र का विषय रह गया, दान दुःख का वर्धक।
बार बार पत्नी परिवर्तन मान रहे सुखसर्जक।

क्या हो गया आज नदियों को !

क्या धर्म यही है

— कपिलदेव पाण्डेय

अन्धकार में डूबे जग को देख पूछती धरती—
बोलो सूरज, क्या करते हो, क्या सूरज का धर्म यही है ?

पुरस्कार पद, सुविधा, धन के प्रति—
जिनकी बुद्धि लुभानी,
उस कवि को गाते देख पूछती उससे वाणी,
बोलो कविवर, हमें बताओ,
क्या कवियों का धर्म यही है ?

जनता का हित छोड़ रात-दिन
स्वार्थ-साधना करते,
देश-विदेश गगन-पथ घूमें, जो
धरती पर पाँव न धरते,
उनसे जनता पूछ रही है—बोलो नेता,
क्या नेता का धर्म यही है ?

रक्षक देख डर रही जनता
प्रजातन्त्र शासन में,
कार्य-सिद्धि बँध गयी आज
चाँदी के बन्धन में,
प्रजा पूछती है हृदय-क्षोभ से,
क्या इस युग का धर्म यही है ?

मात-पिता के हृदय खिली जो
कली रूप थी बेटी,

पति के घर में स्वप्न सौंपकर
आज चिता पर लेटी,
निर्दय पति से परिवार पूछता
क्या इस पति का धर्म यही है ?

चोरी में वीरता दिखाते,
रिश्वत में संकोच नहीं,
बलात्कार, हत्या विनाश—
करने में कुछ भी सोच नहीं,
अपमानित नारी पूछ रही है,
क्या पुरुषों का धर्म यही है ?

अन्धा हुआ स्वार्थ में मानव,
नियम न कोई मान रहा,
अपनी इच्छा से जी कर वह
नहीं मर्यादा पहचान रहा,
स्वेच्छाचारी नर से मानवता पूछे,
क्या मनुष्य का धर्म यही है ?

निरस्त्रीकरण गीत

□ नलिनी शुक्ल

नहीं चाह है प्रक्षेपास्त्रों और जैव-अस्त्रों की,
किसी तरह भी चाह नहीं किन्हीं रसायन-शस्त्रों की,
धरती से आकाश तलक शान्ति कर रही करुणा विलाप,
रोको, रोको, न दो इस तरह मानवता को अभिशाप,
जल से फलादि से सबका पोषण करती धरती हरी-भरी,
शस्यश्यामला सुजला सुफला धरती सबको पुष्टिकरी,
बढ़ती हुई होड़ अस्त्रों की सकल विश्व की नाशकरी।

अरे, मौत के व्यापारी योद्धागण मेरी बात सुनो,
हिंसा-प्रयाण लौटेगा उद्‌गम पर इसी प्रकार का सत्य गुनो,
चलो नहीं विपरीत प्रकृति से, मत दानवता को अपनाओ,
नैतिकता, स्नेह-वृद्धि से अब इस मानवता को दुलराओ,
सुख-समृद्धि से भरे सकल जग दसों दिशा आनन्दभरी,
बढ़ती हुई होड़ अस्त्रों की नहीं विश्व-कल्याणकरी।

मिलें परस्पर सभी प्रेम से, हो सारा जग प्यार भरा,
बहती रहे शान्ति की धारा, मंगलमय सम्पूर्ण धरा,
मानस ऊर्जस्वल हो जन का और सुसंस्कृत जीवन हो,
उन्नति-पथ पर बढ़ें मनुज सब, उन्नत चरित्र चिन्तन हो।
हृदय हृदय में शान्ति जगाओ, हो धरती आलोकभरी।
बढ़ती हुई होड़ अस्त्रों की कभी नहीं आनन्दकरी।

जापानी तान्का

— हर्षदेव माधव

उत्सव समाज का,

प्रसन्नता समाज की, हृदय की,
गाते यौवन में,
यौवन के मन में,
गर्माते जीवनक्षण में,
प्रसन्नता समाज की, हृदय की।

उत्सव समाज का,

मन की खेलती लहर में,
परिचित प्रहर में,
जहाँ चोट पर चोट रही,
घावों पर सौ सौ लात सही,
उत्सव समाज का।

उड़ गई पतंग,
उसकी उड़ान का—
देखता रह गया रंग,
बालक का खोया मन,
इतना बड़ा सूना गगन।

नहीं आया आज भी डाकिया,
भरती हुई लम्बी साँस,
लौटती हुई बहू ने—
आँसू से भीगा मुख पोंछ लिया।
आज भी नहीं आया डाकिया।

चारों ओर देखता
चरता चरता खरगोश,
देखकर टिड्डे को
हो गया शंकित, उड़े होश,
यह फड़फड़ाता है कान,
उसके हिलते पंखों की उड़ान।

चिथड़ा लपेट कर
अपने शरीर पर,
नये वर्ष ने देखा,
        पात्र मेरा।

सिर पर घड़ा लिये हुए,
मटकती, श्रम से लाल गाल,
पाँव फिसलता देख उसी का
हृदय मेरा लेने लगा उछाल।

ध्यानमग्न वाल्मीकि

— कैलासनाथ द्विवेदी

यह वाल्मीकि हैं ध्यानलीन।

तमसा के तट पर तप के तपे ताप में,
तीर बिन्धे क्रौंच के करुणा-विलाप में,
शोक-विकल हृदय में गूँजी श्लोक-वीन।
यह वाल्मीकि हैं ध्यानलीन।

तमसा ने धोये पाप सब देह के,
वनशोभित आश्रम ने सौन्दर्य लिये गेह के,
मानव, पशु, पक्षी—कोई भी नहीं दीन।
यह वाल्मीकि हैं ध्यानलीन।

यह योगी हैं,
इनकी भोगों में रुचि नहीं रही,
अनुशासन, सौम्यता, प्रकृति में सदा रही,
कर्मों के द्रष्टा यह रहते हैं कर्मलीन।
यह वाल्मीकि हैं ध्यानलीन।

इनसे संरक्षित,
प्यारी मिथिलेश कुमारी,
पति-निष्कासित,
आयी आश्रम-शरण बेचारी,
मुनि का हृदय नहीं रहा वात्सल्यहीन।
यह वाल्मीकि हैं ध्यानलीन।

हृदय-प्राण की तरह लव-कुश शिष्य बनाये प्यारे,
विद्या में अति निपुण, गुणों में सबसे थे वे न्यारे,
इन शिष्यों के गुरु जो थे कितने नवीन।
यह वाल्मीकि हैं ध्यानलीन।

यही आदिकवि, भारतीय काव्य के,
अनुपम, बने प्रणेता।
बिद्ध इन्हीं का हृदय विहंगम,
जिसके पंखों पर रामकथा का यश प्रवीण।
यह वाल्मीकि हैं ध्यानलीन।

छल-छद्मों से दूर, नव सत्यपथ दर्शाते।
अन्धकार से भरे भुवन को सूरज-सा भर देते,
जग के जल में रह कर भी जल में न लीन।
यह वाल्मीकि हैं ध्यानलीन।

नहीं मालूम ?

— विन्ध्येश्वरी प्रसाद मिश्र

उजड़ कर रह गया उपवन,
अरे माली, नहीं मालूम ?
हुआ है जीर्ण सूखे पेड़ का आँगन,
अरे माली, नहीं मालूम ?
कुचक्रों से मिली उन्नति जिन्हें यह,
आज जादूगर !
मिला तेरा उन्हें ही प्रेम-आमन्त्रण,
ओ जादूगर, नहीं मालूम ?
दिशा चुप, धड़कनें हैं बन्द, धँसी—
सारी यहाँ धरती,
सब कर रहे तेरा ही बस यशोगायन,
ओ नेता, नहीं मालूम ?
विषम विष-जाल फैलाया जिन्होंने—
आज जीवन में,
वे सारे साँप, हो उन्मुक्त करते हैं भ्रमण,
अरे नायक, नहीं मालूम ?
भले ही एक था वह तीर लेकिन—
सात तरु बींधे,
गये सुग्रीव ही प्रभु की शरण क्षण क्षण,
अरे मानव, नहीं मालूम ?

विवशता

— सीताराम द्विवेदी

जव जब मैंने, धरती पर,
सनी धूल में,
शोकालीन लता को चाहा—
फिर से डालना बाँहों में वृक्ष की,
तभी
आँधी के झौंके से धूल भरी—
आँखें हो गयीं लाल।
थोड़ा सँभलकर,
आँधी से छिन्नांग लता को
अपने हाथों से चाहा—
शाखा की सेज सुला दूँ,
तभी,
बरस पड़े मूसलाधार
प्रलय के मेघ।
भयंकर जंगल में (राजनीति के),
अनुशासन हीन हवाओं से,
बुझाये गये दीप को!
मत सोचो अपनी सुरक्षा,
सुरक्षा की कथा—
पत्थरों पर खुद गयी है,
वह बन गयी दीवार—
प्रगति में (अन्ध प्रजा की)।
वह प्रकृति नहीं है,
और प्रकृति है तो—
व्यवहार नहीं है।
राजनीति की कथा,
क्या कथा!

सिन्धी

1989

ग़ज़ल	▭ ईश्वर आँचल
ग़ज़ल	▭ एम. कमल
लाठी	▭ महेश नेणवाणी

1990

ग़ज़ल	▭ अर्जन हासद
चक्रव्यूह	▭ हरिकान्त
कौन है	▭ नामदेव

1991

आज की सिन्ध	▭ कृष्ण राही
चौराहे पर घर	▭ नन्द जवेरी
कुछ लघु काव्य	▭ इन्द्रा वासवाणी

रूपान्तर

माया राही

महेश नेणवाणी

हरिकान्त

नामदेव

श्याम जयसिंघाणी

ग़ज़ल

— ईश्वर आंचल

ज़िन्दगी जीने मरने का है सिलसिला,
हर दफ़े इक नया जैसे जीवन मिला।

ज़िन्दगी की कड़ी धूप में जलते भी,
मौत की छाँव से मनुष डरता रहा।

बालक होकर बड़ा जब कमाने लगा,
तब से अपने लिए ही है वह सोचता।

कोई हानि है उसकी हुई ऐ ख़ुदा!
तेरा बन्दा जो तुझको है कहता बुरा।

उड़ ही जाता है इन्सान का हौंसला,
जब अचानक किसी डर का हो सामना।

तेरे बस में न था लगना सुन्दर तेरा,
दाद इसका तुम्हें मुझको देना ही था।

तुम से बन्धन न बन्धन था मेरे लिए,
तुम से बिछड़ा तो जीवन ही बन्धन लगा।

कुछ अपनों परायों ने दुख हैं दिये,
फिर भी अपनों से ही सिर्फ़ शिकवा रहा।

जिनका अपना न है प्रान्त कोई यहाँ,
प्रान्त वालों ने उनको न अपना किया।

मुझ से छुड़वाके मेरा वतन कहते हैं,
तेरा इस तरफ़ आना ही क्योंकर हुआ?

(रूपान्तर : माया राही)

ग़ज़ल

— एम. कमल

फीकी-सी मुस्कराहट सूखा-सा क़हक़हा है,
खटका-सा कोई उसके दिल में गड़ा हुआ है।

आँखें तो उसकी टिक टिक करती ही रहती हैं पर,
चेहरे की इस घड़ी को तो बन्द ही रखा है।

वह जो खरोंचता ही है शक्तिवानों को भी,
किसका यह बल है किसने इसका पता किया है?

भोली है उसकी सूरत मासूम हैं अदाएँ,
बातों में उसकी लेकिन छल - बल भरा पड़ा है।

अफ़वाहों का यह दर्पण गर कोई देख पाए,
वह ख़ुद खड़ा है लेकिन घर उसका डह गया है।

पहले वह दौड़ता था किसी ख़्वाब के ही पीछे,
अब ख़्वाव कोई उसके पीछे पड़ा हुआ है।

खा-खाके गोलियाँ वह अब उसको है मनाता,
जिस नींद से वह बरसों महरूम हो चुका है।

पूछे बिना जो वह है खुलता ही खुलता जाता,
शायद शराब ज़्यादह वह आज पी गया है।

(रूपान्तर : माया राही)

लाठी

▭ महेश नेणवाणी

जो
भगवान को मानता है
वह लँगड़ा है
और उसे
बैसाखियों की ज़रूरत है,
जो
भगवान को नहीं मानता
वह अन्धा है
उसे
लाठी की ज़रूरत है,
आपको
तय सिर्फ़ इतना करना है
कि लाठी, आप
अन्धे होकर उठाना चाहेंगे
या लँगड़े होकर ?

(रूपान्तर : स्वयं कवि द्वारा)

ग़ज़ल

— अर्जन हासद

तुम जो चाहो तो पूछने आना,
दिल जो दुखता है देखने आना।

इक घड़ी शान्त बैठे ही बैठे,
दर दरीचों से भेंटने आना।

हँसते परदे कि फर्श की भुन-भुन,
बेबसी इनकी जानने आना।

चाय का कप व शाम के साये,
कुछ न कुछ कहने बोलने आना।

दर खुले को भी खटखटाना ही,
अजनबी-सा ही लागने आना।

ग़म ख़ुशी के किसी भी मौक़े पर,
मान मेरा ही राखने आना।

एक गमला है अब भी आँगन में,
उससे इक फूल तोड़ने आना।

(रूपान्तर : माया राही)

चक्रव्यूह

— हरिकान्त

अपने अपने मसीहा के खड़ाऊँ चाटकर
ख़लीफा बन गया है हर आदमी
अहम् के वहम तले
समझ बैठा है हर आदमी
उसके ही जन्म - दिन से माना जाएगा श्रीगणेश
नये संवत् का
नंगा हो जाता है लेकिन पाखण्ड
आँखें मूँद कर
आँखें खोलकर भक्ति-भाव की नौटंकी रचनेवालों का।

हज़ारों बन्दूकधारी सुरक्षाकर्मियों के पहरे में
घायल अहिंसा के घाव दिखाकर
शान्ति
और सद्भाव बनाए रखने की अपीलें बाँटकर
उड़ जाते हैं विशेष विमानों से
उपद्रवों की धूल
और धुँआँ छोड़कर पीछे
उनके निर्लज कारनामों पर पर्दा डालना पाप
उन्हें उद्भासित करना महा - पाप माना जाएगा
उनकी ही मेज़ के दराज़ों में क़ैद हैं क़ैदख़ाने
अदालतें, थाने
बुन गया है हर दिशा में चक्रव्यूह
अभिमन्यु
बनना ही होगा किसी न किसी को

फिर से लिखना होगा महाभारत
नये पात्रों
और नयी स्थितियों के अनुसार।

(रूपान्तर : स्वयं कवि द्वारा)

कौन है

— नामदेव

कौन है
जो बन्दूक की नली से
गुलाब को घायल कर रहा है ?

कौन है
जो बन्सरी की चोट से
किसी का सर फोड़ रहा है ?

कौन है
जो बाल - मन्दिर की क्लास में
चाबुक चला रहा है ?

कौन है
जो सोने के हार से
पत्नी का गला घोंट रहा है ?

कौन है
जो बच्चे सहित पालने को
फेंक रहा है कुएँ में ?

कौन है
जो शहनाई से
साइरन बजा रहा है ?

हे अर्जुन—
वह मैं ही हूँ !
वह मैं ही हूँ !

(रूपान्तर : स्वयं कवि द्वारा)

आज की सिन्ध

— कृष्ण राही

मुझसे न पूछ सिन्ध जाके देखा मैंने क्या,
इक ख्वाब शीशे की तरह पत्थर पे जा गिरा।

हर खण्डहर में दफ़न पुराना था कोई शहर,
हर शहर में नया था कोई खण्डहर खड़ा।

पहले तो सिर्फ़ एक 'मुअन - जो - दड़ो' ही था,
अब हर शहर मुअन जो दड़ो ही था लग रहा।

देखे थे मैंने पंछी चहकते जहाँ अनेक,
अब एक भी पंछी न था मुझको वहाँ दिखा।

सब अपने अपने घर में ही थे क़ैद आदमी,
इक खौफ़ था आज़ाद चारों तरफ़ घूमता।

स्कूल व कॉलेज अक्सर बन्द रहते थे,
सालों में कोई इम्तहान था कभी हुआ।

अपने ही देश में न था रहने का सुख नसीब,
सिन्धी तो अपने सिन्ध में भी दरबदर लगा।

(रूपान्तर : माया राही)

चौराहे पर घर

▭ नन्द जवेरी

कल तक मेरा घर
एक चौराहे पर था
पर आज सवेरे
घर के बाहर
लठधर चौकीदार की जगह
बन्दूकधारी जवान तैनात था
और चौराहा गुम था।

रात भर में ही
ग़ैर - कानूनी सब्ज़ीमण्डी को
हटाया गया था वहाँ से
इसलिए घोड़ागाड़ी स्टेण्ड की
ज़रूरत ही न रही।

कल तक
चौराहे के शोरोगुल से
जीना दुश्वार था
अब सन्नाटा है
आज रात एक कविता लिखी जाएगी

कल की रात में
सब रास्ते मिटाकर
बगीचे बनाये गये हैं
आज भूगोल पर
केवल फूल ही फूल हैं

खशबू है, कोयल है, गीत हैं
मोर है, मोरनी है
और नाच भी है।

आज मैं अपने घर को
निवास के बजाय महल कह सकता हूं
मैं खुश हूँ कि मेरा निवास
आज महल बना है
मेरी घरवाली भी खुश है
इस लिए कि वह अब रानी कहलाएगी
सबसे अधिक
मेरी नन्ही बिटिया खुश है
क्योंकि अब हमारे घर में
स्कूल जाने का रास्ता
हम सब खो बैठे हैं।

(रूपान्तर : श्याम जयसिंघाणी)

कुछ लघु काव्य

▭ इन्द्रा वासवाणी

एकलव्य की
गुरु - दक्षिणा :
लटका दो—सर
द्रोणाचार्य का
युगों तक !

दर्द ने
मेरा सीना चीर कर
मौत को टाल दिया !

सिन्धु !
तेरे सीने पर
छोड़े हैं पद - चिह्न
अपनी तहज़ीब के !

सूर्य को जब
हथेली से न ढाँक सकी
तब
आँखों को ढाँक कर कहा—
सूर्य उदय नहीं हुआ !

हर दुर्घटना ने
मुझे एक
नयी राह दी है
आगे बढ़ने की !

दुख कैसे बेशुर्के हैं
जब अकेला पाते हैं
घेर लेते हैं !

राहों को
रोशन करने के लिए
जलाना पड़ता है
अन्तर तम को !

(रूपान्तर : **नामदेव**)

हिन्दी

1989

उत्कृष्टता	▭ उदय प्रकाश
गर्मियों की शुरुआत	▭ मंगलेश डबराल
इस बार	▭ कुमार अम्बुज

1990

अकेले क्यों	▭ अशोक वाजपेयी
पत्ते नीम के	▭ कुमार शिव
कोशिश	▭ इन्दु जैन

1991

वह दीवाल के पीछे खड़ी है	▭ सुदीप बनर्जी
चाहिए	▭ नवीन सागर
हे सर्वशक्तिमान् !	▭ सुनीता बुद्धिराजा

उत्कृष्टता

— उदय प्रकाश

सुन्दर और उत्कृष्ट कविताएँ
धीरे-धीरे ले जाएँगी सत्ता की ओर

सूक्ष्म संवेदनाओं और ख़फ़ीफ़ भाषा का कवि
देखा जाएगा अत्याचारियों के भोज में शामिल
सबसे ज़्यादा स्वादों का बखान करता हुआ

अब तो कुछ भी हो सकता है
कोई भी उत्कृष्ट कहीं भी मिल सकता है

समकालीन कविता
और समकालीन हिन्दुस्तान को चाहिए
सीधे दिमाग़, ठोस शरीर और साफ़ दिल का एक कवि
जो कह सके
विज्ञापन को विज्ञापन
और अन्याय को अन्याय

निर्भय जो हत्या को हत्या कहेगा
निश्चय, वही अन्ततः कवि रहेगा।

गर्मियों की शुरुआत

— मंगलेश डबराल

पास के पेड़ एकदम ठूँठ हैं
वे हमेशा रहते आये हैं बिना पत्तों के
हरे पेड़ काफ़ी दूर दिखाई देते हैं
जिनकी जड़ें हैं जिनकी परछाईं हैं
उन्हीं में कोई आँधी अटकी हुई है

गर्मियों की शुरुआत में
हम कुछ दूर जाकर रुक जाते हैं
जो हमें कहना है
उसे कहना बन्द कर देते हैं
उम्मीद करते हैं किसी परिचित
चेहरे के लौटने की

स्पर्श बदलने लगते हैं
चिपचिपे अमूर्तनों में
कवियों में होड़ शुरू होती है
जल्दी से अपनी महानता पहचानने की
अख़बार छपते हैं गोलियाँ चलती हैं
दीवार पर प्रकट होती है
एक छिपकली धीरे-धीरे सरकती।

इस बार

— कुमार अम्बुज

एक किताब ख़रीदी जाएगी कविताओं की
और एक फ्रॉक बिटिया के लिए

छेदों वाली साड़ी
माँ की दिनचर्या से अलग हो जाएगी
एक बिन्दी का पत्ता चुन कर खरीदने का वक़्त होगा
बाहर की खिड़की के लिए पर्दे का कपड़ा
और अचार के लिए
ख़रीदा जाएगा थोड़ा-सा आँवला
उस पीले फूल के गुलदस्ते का भाव तय करते हुए
एक कॉफी पी जाएगी फुरसत के साथ

बर्फ ज्यादा नहीं गिरेगी
हवा का गुस्सा कम होगा इस बार
चेहरों का पीलापन मरेगा
और हम
एक-दूसरे को देख कर सचमुच खिल उठेंगे

हाँ, यह सब होना है
इस बार के एरिअर्स पर

अकेले क्यों ?

□ अशोक वाजपेयी

हम उस यात्रा में
अकेले क्यों रह जाएँगे ?

साथ क्यों नहीं आएगा हमारा बचपन,
उसकी आकाश-चढ़ती पतंगें
और लकड़ी के छोटे से टुकड़े को
हथियार बना कर दिग्विजय करने का उद्गम—
मिले उपहारों और चुरायी चीज़ों का अटाला ?

क्यों पीछे रह जाएगा युवा होने का अद्भुत आश्चर्य,
देह का प्रज्वलित आकाश,
कुछ भी कर सकने का शब्दों पर भरोसा,
अमरता का छद्म,
और अनन्त का पड़ोसी होने का आश्वासन ?

कहाँ रह जाएगा पकी इच्छाओं का धीरज
सपने और सच के बीच बना
बेदरोदीवार का घर
और अगम्य में अपने ही पैरों की छाप से बनायी पगडण्डियाँ ?

जीवन भर के साथ-संग के बाद
हम अकेले क्यों रह जाएँगे उस यात्रा में ?

जो साथ थे वे किस यात्रा पर
किस ओर जाएँगे ?

वे नहीं आएँगे हमारे साथ
तो क्या हम उनके साथ
जा पाएँगे ?

पत्ते नीम के

— कुमार शिव

तालियों से बजे पत्ते
नीम के।

अनवरत चलती रही थी, थक गयी,
तनिक आवे पर ठहर कर पक गयी,
अब चढ़ी है हवा हत्थे
नीम के।

था बहुत कड़वा मगर था काम का
था यहाँ यशगान इसके नाम का
आ गये दुर्दिन निहत्थे
नीम के।

ज़िन्दगी भर धूप में जलता रहा
आँधियों में शान से हिलता रहा
पड़ गये मुँह पर चकत्ते
नीम के।

कोशिश

— इन्दु जैन

एक चीख लिखनी थी
एक बच्चे की चीख
अरबी में, तुर्की में
यिद्दिश में, यैंकिस्तानी में
असमिया, हिन्दी, गुरमुखी में

चिथड़े उड़े बाप और
ऐंठी पड़ी माँ
के बीच उठी
बच्चे की चीख़—सिर्फ़ एक चीख़

आज अकेले में कोशिश करना
लिखना
बच्चे की चीख़—बस एक
अपनी अपनी मादरी जबान में

कल हम कहीं न कहीं इकट्ठा होंगे
झुलसे हुए हाथ मिलाने

वह दीवाल के पीछे खड़ी है

— सुदीप बनर्जी

वह दीवाल के पीछे खड़ी है
दीवाल का वह तरफ़ उसके कमरे में है
जिस पर कुछ लिखा है
कोयले से

कोयले से की गयी हैं चित्रकारियाँ
वन-उपवन पशु-पक्षी देश-विदेश
सब उभर आये हैं
दीवाल पर

वह खड़ी है जहाँ ठीक वहीं
दीवाल के बाहर से फूट रहा है
पीपल का एक पौधा, उसकी फूटती आँखें
ठीक वहीं से दुनिया को देखती हैं

वह कोयले से आँक रही है दुनिया
दीवाल में अपनी तरफ़, दीवाल के बाहर
असली दुनिया झुलस रही है, पेड़ पौधों
बागड़ से लेकर दूर-दूर की इमारतें
नदी, पहाड़, झरने सब झुलस रहे हैं

एक अदृश्य आकाश से
टप-टप तारे गिरते हुए
एक गायब संसार के
अस्पर्श्य छलावे में

तमाम पड़ोस से अनुसुनी
एक चीख़ पीछा कर रही है
भागते हुए कवि का
शब्दों के बीच जगह ढूंढ़ती एक
पागल चील की प्यासी चीख़

वह दीवाल के पीछे खड़ी है
उसे अभी किसी ने नहीं देखा है
कवि को भी इससे ज़्यादा
उसके बारे में क्या मालूम हो सकता है
जो सदियों से उसी तरफ खड़ी है
दीवाल के पीछे
गायब संसार की बेवजह नोक पर !

चाहिए

▭ नवीन सागर

एक बच्ची
अपनी गुदगुदी हथेली
देखती है
और धरती पर मारती है।
लार और हंसी से सना
उसका चेहरा अभी
इतना मुलायम है
कि पूरी धरती
अपने थूक के फुग्गे में उतारी है।

अभी सारे मकान
कागज़ की तरह हल्के
हवा में हिलते हैं
आकाश अभी विरल है दूर
उसके बालों को
धीरे-धीरे हिलाती हवा
फूलों का तमाशा है
वे हँसते हुए इशारे करते हैं:
दूर-दूरान्तरों से
उत्सुक क़ाफ़िले धूप में
चमकते हुए आएँगे।

सुन्दरता
कितना बड़ा कारण है
हम बचेंगे अगर !

जन्म चाहिए
हर चीज़ को एक और
जन्म चाहिए ।

हे सर्वशक्तिमान् !

— सुनीता बुद्धिराजा

सब कुछ
जब तुममें तिरोहित हो चुका है
तुम्हें पाने की इच्छा भी
तब हे सर्वशक्तिमान्,
समर्पण क्या है ?

प्रश्न, उत्तर
हाँ, नहीं
स्वीकार, अस्वीकार
स्नेह, प्रतिदान
संशय, सम्मोह
तुम्हारा ही नाम है
तब मेरे निकट आस्था
यह किसकी अँगुली पकड़े है ?

सब कुछ
जब तुममें तिरोहित हो चुका है
तुम्हें प्रणाम करने की इच्छा भी
तब हे क्षमावान्
नियति क्या है ?

अंगुरि भर स्नेह
झोली भर संशय
आक्षितिज स्वीकृति
या कुछ और ?
या कुछ और ?

जब से तुम्हारी अँगुली थामी है
आकाश मेरा हो गया है
सूर्य, चन्द्र
नक्षत्र, अग्नि, जल, पृथ्वी
सभी कुछ
हो गया है
मेरा ही

तुम अक्षय वृक्ष हो
मैं तुम्हें हौले से छू जाने वाली
हवा
वसन्त में हूँ
वल्लरी में हूँ
पुष्प, गन्ध में ही हूँ

तुम्हारी अँगुली थामी है जब से
हथेली मैं हूँ
उस पर खिंची रेखा
उस रेखा का अर्थ
भूत, वर्तमान, भविष्य—तुम हो

तुम्हारो अंगुली थामने का अर्थ
मेरे लिए होता है
प्रभु—
नैवेद्य बनने की कामना।

□ □

परिशिष्ट

सहयोगी कवि और चयन-मण्डल

सहयोगी कवि

असमिया

कबिन फूकन

विद्वान, समीक्षक और कवि। शिक्षा : अंग्रेज़ी में एम. ए.। ब्रिटेन की लीड्स युनिवर्सिटी से इलियट पर रिसर्च, पी-एच. डी.।
'एनेकोई दिन एनेकोई राति' एवं 'नूपूवाए ऑउसीर राति' कविता-संकलन अधिक चर्चित।
सम्पर्क : व्याख्याता, अंग्रेज़ी विभाग, डिब्रूगढ़ युनिवर्सिटी, डिब्रूगढ़-786 004 (असम)।

लुत्फ़ा हानुम सलीमा बेगम

अपनी शैली विशेष के कारण आज की नयी कवयित्रियों में ख़ासी लोकप्रिय। ढेर सारी कविताएँ पत्रिकाओं में प्रकाशित। पहला संकलन 'अथन्तर घटिछे' चर्चित।
सम्प्रति : व्याख्याता, गवर्नमेंट कॉलेज, डिफू (असम)।

नीलिम कुमार

युवा पीढ़ी के कवियों में अपनी अलग पहचान बनाने वाले एक भावुक कवि। अब तक तीन कविता-संग्रह प्रकाशित। 'अचिना असुख' चर्चित। व्यवसाय से वेटिरेनरी डॉक्टर हैं।
सम्पर्क : द्वारा—स्टुडेण्ट स्टोर, पान बाजार, गुवाहाटी-781 001 (असम)

तोषप्रभा कलिता

जन्म : 1938। कविता-लेखन के साथ-साथ अंग्रेज़ी से असमिया में अनुवाद-कार्य। कई लेख, कहानियाँ, अनुवाद प्रकाशित।
सम्पर्क : गांधी मण्डप रोड, दक्षिण सरानिया, गुवाहाटी-781 007 (असम)।

विपुलज्योति शईकिया

होनहार कवियों में से एक। जन्म : 1965। शिक्षा : पदार्थ विज्ञान में एम. एस-सी.। किशोर-अवस्था से कविता-लेखन में रुचि। छात्र-जीवन में ही 'महाकाव्यर प्रथम पात' कविता-संकलन। सम्प्रति शोधकार्य में संलग्न।

सम्पर्क : द्वारा स्टुडेण्ट स्टोर, पान बाज़ार, गुवाहाटी-781 001 (असम)।

बिलीप बरुआ

उच्चकोटि के समीक्षक एवं कवि।

शिक्षा : अंग्रेज़ी में कारपेण्टर के साहित्य पर शोधकार्य एवं पी-एच. डी. उपाधि। सम्प्रति अंग्रेज़ी के प्राध्यापक।

सम्पर्क : विभागाध्यक्ष, अंग्रेज़ी विभाग, वर्धमान युनिवर्सिटी, वर्धमान(प. बंगाल)।

समीर ताँती

असमिया के जाने-माने तरुण हस्ताक्षर। अत्यन्त संवेदनशील प्रगतिवादी कवि एवं कुशल कलाकार।

जन्म : 1956। अंग्रेजी में एम. ए. के बाद कुछ समय के लिए अंग्रेज़ी के व्याख्याता। काव्य-संग्रह 'शेःकाकुल उपत्यका' सर्वाधिक चर्चित। सम्प्रति टूरिज़्म विभाग में।

सम्पर्क : डायरेक्ट्रेट ऑफ टूरिजम(असम), स्टेशन रोड, गुवाहाटी-781001(असम)

सनन्त ताँती

असमिया कविता में वामपंथी विचारधारा के प्रगतिशील कवि।

जन्म : 1952। अनेक काव्य-संग्रह प्रकाशित। चर्चित हैं—'उज्ज्वल नक्षत्रर संधानत' एवं 'निजर विरुद्धे शेष प्रस्ताव'।

सम्पर्क : चाय बागान भविष्यत् निधि कार्यालय, बेलतला, गुवाहाटी-781 028 (असम)।

अनुभव तुलसी

अंग्रेज़ी के व्याख्याता और एक कुशल काव्यशिल्पी। आधुनिक कवियों में काफ़ी लोकप्रिय एवं प्रभावशाली।

सम्पर्क : व्याख्याता, अंग्रेज़ी विभाग, सुवालकूचि कॉलेज, सुवालकूचि, गुवाहाटी, (असम)।

उड़िया

रामकृष्ण साहू

उड़िया युवा कवियों में एक। जन्म : 30 जनवरी 1954, संबलपुर (उड़ीसा) में। उड़िया साहित्य में एम. ए.। एक काव्य-संग्रह 'मरुभूमिरे महोत्सव' उड़िया में प्रकाशित। अनेक कविताएँ उड़िया की विभिन्न पत्र-पत्रिकाओं में प्रकाशित व आकाशवाणी से प्रसारित। श्रीजनी व कवितायन पुरस्कारों से सम्मानित। सम्प्रति दूर-संचार विभाग से सम्बद्ध।

सम्पर्क : आनन्द कुटीर, हीराद कुकालोनी, संबलपुर-768 001 (उड़ीसा)।

डॉ. बनबिहारी पंडा

कवि, गीतकार एवं नाटककार। जन्म : 2 मई 1940, उड़ीसा में।

रसायन विज्ञान में स्नातकोत्तर। लगभग दो वर्षों तक पुरी कॉलेज में रसायन विज्ञान के प्राध्यापक। 1963 से भारतीय पुलिस सेवा में। नौकरी के दौरान एल-एल. बी. व रसायन विज्ञान में पी-एच. डी.। कविताएँ उड़िया और अंग्रेजी की विभिन्न पत्र-पत्रिकाओं में प्रकाशित। अब तक 17 नाटक प्रकाशित। दो काव्य-संग्रह उड़िया में और एक अंग्रेजी में प्रकाशित। सम्प्रति उड़ीसा में आई. जी., सी. आई. डी.।

सम्पर्क : क्वार्टर नं०-21, स्टेडियम के पास, कटक-753 001 (उड़ीसा)।

हरप्रसाद दास

जन्म : 1945, उड़ीसा में।

राजनीति विज्ञान में एम. ए.। एक वर्ष तक अध्यापन। 1968 से इण्डियन ऑडिट एण्ड एकाउण्ट्स सर्विस में कार्यरत। श्रम मंत्रालय, नई दिल्ली में पाँच वर्ष तक रहे। 'आलोकित बनवास' और 'मंत्रपाठ' काव्य-संग्रह तथा 'लुब्धकर तिनि प्रहर' (कहानी-संग्रह) प्रकाशित। सम्प्रति अकाउण्टेंट जनरल।

सम्पर्क : अकाउण्टेंट जनरल, सचिवालय मार्ग, भुवनेश्वर-751 001 (उड़ीसा)।

डॉ. शत्रुघ्न पाण्डव

जन्म : 17 जुलाई 1955, उड़ीसा के कटक ज़िले के महादेई पाटना गाँव में।

उड़िया साहित्य में एम. ए., पी-एच. डी.। मूलतः कवि। 1974 से काव्य-लेखन। पहला कविता-संग्रह 'निःश्वासर डाळपत्र' 1983 में प्रकाशित। उड़िया की लगभग सभी पत्र-पत्रिकाओं में कविताएँ प्रकाशित। 1980 व 1990 में 'विषुव पुरस्कार' से सम्मानित। सम्प्रति उड़िया साहित्य का अध्यापन।

सम्पर्क : बेगुनिया कॉलेज, ज़िला पुरी (उड़ीसा)।

डॉ. अर्पणा महान्ति

जन्म : दिसम्बर 1952, गारापुर, केन्द्रापाड़ा (उड़ीसा)। उड़िया साहित्य में एम. ए., पी-एच. डी.। एक कविता-संग्रह 'अव्यक्त आत्मीयता' उड़िया में प्रकाशित। अनेक कविताएँ व आलोचनात्मक लेख पत्र-पत्रिकाओं में प्रकाशित।
सम्प्रति : उड़िया साहित्य का अध्यापन।
सम्पर्क : प्राध्यापिका, तुलसी महिला महाविद्यालय, पो० केन्द्रापाड़ा, ज़िला कटक (उड़ीसा)।

डॉ. प्रसन्न कुमार मिश्र

जन्म : 1941। शान्तिनिकेतन से उड़िया साहित्य में एम. ए., पी-एच. डी.। पहला काव्य-संग्रह 1961 में प्रकाशित। अब तक 40 से भी अधिक पुस्तकें प्रकाशित जिसमें 10 काव्य-संग्रह, 6 नाटक, 2 उपन्यास, 1 कहानी-संग्रह, 2 शोध-कार्य, 3 अनूदित पुस्तकें तथा बच्चों के लिए 18 पुस्तकें शामिल हैं। अनेक प्रान्तीय पुरस्कारों से सम्मानित। सम्प्रति बालासोर (उड़ीसा) के एफ. एम. कॉलेज में उड़िया साहित्य का अध्यापन।
सम्पर्क : दर्जी साही, चाँदनी चौक, कटक-753 002 (उड़ीसा)।

डॉ० सरोजिनी षडंगी

उड़िया के साहित्यिक घराने में जन्म। पिता स्वर्गीय जीवनानन्द आचार्य व माता पद्मावती देवी आचार्य दोनों सुप्रसिद्ध साहित्यकार थे। 1965 से कविता-लेखन। स्कूल-कॉलेज के दिनों से ही विभिन्न पत्र-पत्रिकाओं में कविताएँ प्रकाशित। अब तक दो काव्य-संग्रह 'सूर्यस्नान' और 'आखि कथा कहे' प्रकाशित। कुछ कविताएँ नेशनल बुक ट्रस्ट, इण्डिया द्वारा चुनकर चौदह भारतीय भाषाओं में अनूदित। कई कविताएँ दूरदर्शन व आकाशवाणी, कटक से प्रसारित। 'विषुव मिलन' पुरस्कार सहित अनेक प्रांतीय पुरस्कारों से सम्मानित। सम्प्रति एस. सी. बी. मेडिकल कॉलेज, कटक में स्त्री-रोग व प्रसूति विभाग में कार्यरत।
सम्पर्क : क्वार्टर नं० 3 आर /5, कैंसर इंस्टीट्यूट कैम्पस, एस. सी. बी. मेडिकल कॉलेज, कटक-753 007 (उड़ीसा)।

बिजयिनी दास

जन्म : 23 सितम्बर 1944, पुरी (उड़ीसा) में।
अब तक सात उपन्यास, चार कहानी-संग्रह, तीन काव्य-संग्रह तथा एक नाटक उड़िया में प्रकाशित। 'देवदासी' और 'डायरी' उपन्यास बहुचर्चित। अनेक रचनाएँ विभिन्न भारतीय भाषाओं में अनूदित व प्रकाशित। 'विषुव पुरस्कार'

सहित अनेक प्रान्तीय पुरस्कारों से सम्मानित। सम्प्रति मासिक उड़िया पत्रिका 'जीवन रंग' के सम्पादन से सम्बद्ध।
सम्पर्क : स्टोनी रोड, डगरपाड़ा, कटक-753 002 (उड़ीसा)।

हुसैन रवि गांधी

जन्म : 23 अप्रैल 1949, कुरई, उड़ीसा में।
इतिहास व उड़िया साहित्य में एम. ए. तथा एल-एल. बी.। अब तक तीन काव्य-संग्रह व एक कहानी-संग्रह उड़िया में प्रकाशित। इनकी कविताओं में मार्क्स, गांधी व जयप्रकाश नारायण के विचारों एवं आदर्शों का सम्मिलित स्वर उभरा है। सम्प्रति उड़िया साहित्य अकादमी व उर्दू अकादमी के कार्यकारी सदस्य तथा प्रगतिशील साहित्यिक पत्रिका 'स्फुलिंग' के प्रधान सम्पादक।
सम्पर्क : अमीन स्ट्रीट, आज़म खाँ बाज़ार, कटक-753 001 (उड़ीसा)।

उर्दू

बलराज कोमल

जन्म : 25 सितम्बर 1928 में।
शिक्षा : एम. ए.। प्रकाशित रचनाएँ—'मेरी नज़्में', 'रश्ता ए दिल', 'नज़ादे संग', 'सफ़र मुदाम सफ़र', 'शहर में एक तहरीर'। साहित्य अकादमी पुरस्कार के अलावा कई राज्यों की उर्दू अकादमियों द्वारा पुरस्कृत। सम्प्रति अवकाश प्राप्ति के बाद लेखन-अध्ययन में व्यस्त।
सम्पर्क : ई-139, कालकाजी, नई दिल्ली-110 019

बशर नवाज़

जन्म : 1935, औरंगाबाद (महाराष्ट्र)।
प्रकाशित रचनाएँ—'रायगाँ' (काव्य-संग्रह), 'नये अदब नए मसाइल' (आलोचना)। महाराष्ट्र उर्दू अकादमी द्वारा 1992 में राजकीय पुरस्कार। इसके अतिरिक्त उत्तरप्रदेश और बिहार की उर्दू अकादमियों द्वारा भी पुरस्कृत। सम्प्रति फ़िल्मों के लिए गीत-लेखन।
सम्पर्क : मोहल्ला घाटी, औरंगाबाद (महाराष्ट्र)।

शहरयार

जन्म : 16 जून 1936।

शिक्षा : एम. ए., पी-एच. डी.। प्रकाशित रचनाएँ—काव्य-संग्रह 'इस्मे-आज़म' 'सातवाँ दर', 'हिज्र के मौसम' और 'ख्वाब का दर बन्द है'। साहित्य अकादमी पुरस्कार (1987) तथा उत्तरप्रदेश उर्दू अकादमी के दो पुरस्कारों से सम्मानित। सम्प्रति अलीगढ़ मुस्लिम विश्वविद्यालय के उर्दू विभाग में प्रोफ़ेसर।

सम्पर्क : ए-2, मेडिकल कैम्पस, अलीगढ़ मुस्लिम विश्वविद्यालय, अलीगढ़ (उ. प्र.)।

जुबेर रिज़वी

जन्म : 1936, अमरोहा (उ. प्र.) में।

शिक्षा : एम. ए.। प्रकाशित रचनाएँ—'लहर-लहर नदिया गहरी', 'ख़िश्ते-दीवार', 'मुसाफ़ते-शबद', 'दामन', 'पुरानी बात है····' और 'धूप का सायबान'। बिहार, उ. प्र. और दिल्ली की उर्दू अकादमियों द्वारा पुरस्कृत एवं सम्मानित। सम्प्रति निदेशक, आल इंडिया रेडियो, नई दिल्ली।

सम्पर्क : आई. डी., टाईप-4, एम. एस. फ्लैट्स, मिंटो रोड काम्पलेक्स, नई दिल्ली-110 002

बिल्क़ीस ज़फीरूल हसन

जन्म : 2 सितम्बर 1938।

स्कूल, कॉलेज नहीं गये, घर पर ही सारी शिक्षा-दीक्षा। कविताएँ, कहानियाँ और रेडियो-नाटक लिखती हैं।

सम्पर्क : 41 बी, जे ब्लाक, एम. आई. जी., फेज़-1, अशोक विहार, दिल्ली-110 052

अख़्तर उल ईमान

जन्म : 1915, नजीबाबाद (उ०प्र०) में।

शिक्षा : एम. ए. (उर्दू)। प्रकाशित काव्य-संग्रह—'गिर्दाब', 'तारीक सैयारा', 'आबेजू', 'नया आहंग', 'बिंते लम्हात', 'सरो सामाँ', 'ज़मीन-ज़मीन'। साहित्य अकादमी पुरस्कार (यादें), 'गालिब पुरस्कार, मीर पुरस्कार और इक़बाल पुरस्कार से पुरस्कृत एवं सम्मानित। 1947 से फ़िल्मी संवाद और पटकथा-लेखन। अनगिनत फ़िल्मों के लिए लिखते रहे हैं। कई बार 'फ़िल्म-फेयर' पुरस्कार भी प्राप्त।

सम्पर्क : ए-3, रविदर्शन, शिरले राजन मार्ग ऑफ कार्टर रोड, बांद्रा, बम्बई-400 050

निदा फ़ाज़ली

जन्म : 12 अक्तूबर 1938।
शिक्षा : एम०ए०। प्रकाशित काव्य-संग्रह—'लफ़्ज़ों का पुल', 'मोर नाच', 'ख़्वाब और आँख के दर्मियान' और 'दीवारों के बीच' (आत्मकथा)। सभी पुस्तकों के लिए विभिन्न उर्दू अकादमियों द्वारा पुरस्कृत। सम्प्रति फ़िल्मी गीत और पटकथा लेखन।
सम्पर्क : 103, अमर अपार्टमेंट्स, डानपारा, खार (वेस्ट), बम्बई।

काज़ी सलीम

जन्म : 27 नवम्बर 1930, औरंगाबाद (महाराष्ट्र) में।
शिक्षा : बी. ए., एल-एल. बी.। प्रकाशित कविता-संग्रह—'निजात से पहले', 'रेगज़ारों के गीत', 'मस्नवी बागबान व गुलफ़रोश'। उत्तर प्रदेश और महाराष्ट्र उर्दू अकादमी द्वारा पुरस्कृत। सम्प्रति सामाजिक और राजनीतिक कार्य।
सम्पर्क : गुलमोहर, नया उस्मान पुरा, स्टेशन रोड, औरंगाबाद (महाराष्ट्र)

कन्नड़

डॉ. जी. एस. शिवरुद्रप्पा

कन्नड़ के समन्वयवादी कवि, आलोचक और विद्वान्।
बैंगलोर विश्वविद्यालय के कन्नड़ विभाग के पूर्व अध्यक्ष और कन्नड़ साहित्य अकादमी के पूर्व अध्यक्ष। प्रमुख काव्य-कृतियाँ हैं—'देवशिल्प', 'काडिन कत्तलेयल्लि', 'नन्ननिन्न नडवे'। 'मास्को के 22 दिन' एक यात्रावृत्त तथा 'सौंदर्य साहित्य समीक्षे' समीक्षात्मक ग्रन्थ भी प्रकाशित।
सम्पर्क : 867, चैत्र, 18वाँ मेन बनशंकरी, 2रा स्टेज, बैंगलोर-560 070

एच. एस. शिवप्रकाश

जन्म : 1954। शिक्षा : अंग्रेज़ी में एम. ए.। मूलतः कवि हैं। अपनी कविता में पौराणिक, ऐतिहासिक कथाओं का आज के सन्दर्भ में सटीक प्रयोग किया है। उन्हें लम्बी और कठिन कविताएँ लिखने वाला कहा जाता है—मुक्तिबोध की तरह। अब तक 3 कविता-संग्रह और 2 नाटक प्रकाशित।
सम्पर्क : प्राध्यापक, अंग्रेज़ी विभाग, गवर्नमेंट कॉलेज, होसकोट, ज़िला बैंगलोर, (कर्नाटक)।

डॉ. पी. एस. रामानुजम्

कन्नड़ और संस्कृत के उद्भट विद्वान्। अब तक 6 कविता-संकलन प्रकाशित। कविताओं में भारतीय दर्शन के विविध रूप मुखरित हुए हैं। सम्प्रति आई. पी. एस. सर्विस के वरिष्ठ अधिकारी।

सम्पर्क : कमिश्नर, कन्नड़ साहित्य और संस्कृति, शिक्षा विभाग, नृपतुंगा रोड, बैंगलोर-560001

डॉ. ए. के. रामानुजन्

एक प्रतिभाशाली कवि और विचारक। कन्नड़ के युगप्रवर्तक कवि और आधुनिक लेखकों की रचनाओं का अंग्रेज़ी भाषा के द्वारा विश्व को परिचित कराने का महत्त्वपूर्ण योगदान। कन्नड़ में 'होकुललि हविल्ल', 'कुंटो विल्ले' आदि कविता-संग्रह तथा 'मत्तोब्बने आत्मचरिते' उपन्यास के अतिरिक्त अंग्रेजी में भी कविता-संग्रह प्रकाशित। सम्प्रति शिकागो विश्वविद्यालय में द्रविड भाषा और भाषा विज्ञान के प्राध्यापक।

सम्पर्क : प्रोफेसर, द्रविडियन एण्ड लिंग्विस्टिक्स, शिकागो युनिवर्सिटी, शिकागो (यू. एस. ए.)

शशिकला वीरय्या स्वामी

कन्नड़ की सिद्धहस्त रचयित्री। नारी-संवेदना, नारी-स्वातन्त्र्य जैसे विषयों पर सशक्त लेखन। सम्प्रति कन्नड़ की प्राध्यापिका। 'गुब्बीमनी', 'प्रश्ने', 'हैगे हल्ले गलति' आदि काव्य-संकलन तथा 'श्री गुरु सिद्धेश्वर' जीवनचरित प्रकाशित।

सम्पर्क : कन्नड़ विभाग, फोर्ट गर्ल्स जूनियर महिला कॉलेज, वाणी विलास, बैंगलोर-560 007

डॉ० रामचन्द्र देव

सफल कवि और अनुवादक।

अंग्रेजी से एम. ए. एवं पी-एच. डी.। कई विश्वविद्यालयों में अंग्रेज़ी का अध्यापन। आठ वर्ष तक पत्रकारिता कार्य भी। 2 कथा-संकलन भी प्रकाशित। विभिन्न पत्र-पत्रिकाओं में कविताएँ, निबन्ध और लेख। मैकबेथ और हैमलेट की कृतियों का कन्नड़ में अनुवाद।

सम्पर्क : 166/ए, मेन रोड, सिरिनगर, बैंगलोर-560 050

डॉ. गोपालकृष्ण अडिग

लब्धप्रतिष्ठ कवि, आलोचक और विचारक। नव्य काव्य-विधा के प्रवर्तकों में से

एक। जन्म : 1918। प्रकाशित कृतियाँ 25 से भी अधिक। अखिल भारतीय कन्नड़ साहित्य सम्मेलन के पूर्व अध्यक्ष। केन्द्रीय साहित्य अकादमी द्वारा पुरस्कृत।
सम्पर्क : 460 ए, 6 क्रास, 7वाँ ब्लाक (पश्चिम), जयनगर, बैंगलोर-560 011

कश्मीरी

माखनलाल 'बेकस'

जन्म : 1 जुलाई 1939, श्रीनगर में। पत्र-पत्रिकाओं में रचनाएँ प्रकाशित। सम्प्रति आकाशवाणी में कश्मीरी समाचार वाचक।
सम्पर्क : कश्मीरी यूनिट, समाचार सेवा प्रभाग, आकाशवाणी, संसद मार्ग, नई दिल्ली-110 001

मुजफ़्फ़र 'आज़िम'

जन्म : 29 अप्रैल 1934। 'ज़ोलान', 'मनि कामन' (कविता-संग्रह) प्रकाशित। जम्मू-कश्मीर राज्य कल्चरल अकादमी तथा सोवियत लैण्ड नेहरू पुरस्कार से सम्मानित।
सम्पर्क : चौक सैदाकदल, श्रीनगर (कश्मीर)।

माखनलाल 'महव'

कश्मीरी के सुप्रसिद्ध व्यंग्यकार। जन्म : अक्तूबर 1926, हन्दवाड़ा, कश्मीर में। 'मिचिर कण्ड'य तु ग्वलाब' प्रकाशित, चर्चित।
सम्पर्क : डलहसन यार, श्रीनगर (कश्मीर)।

मोतीलाल 'साक़ी'

प्रसिद्ध शोध-समीक्षक और कवि। जन्म : 5 सितम्बर, 1936, श्रीनगर में। 'मौदुर्य ख़्वाब (कविता-संग्रह), 'गाशिर्य' (कश्मीरी कवियों पर लेख) प्रकाशित। मनसर साहित्य अकादमी द्वारा पुरस्कृत। पद्मश्री से सम्मानित।
सम्पर्क : गढ़ी, ऊधमपुर, जम्मू।

प्यारे 'हताश'

युवा पीढ़ी के कश्मीरी कवि एवं व्यवसाय से अध्यापक। हिन्दी में भी कविता करना एक रुचि। पत्र-पत्रिकाओं में रचनाएँ प्रकाशित।
सम्पर्क : एफ-220, ओल्ड जानीपुर, जम्मू।

अली 'शैदा'

कवि। अब तक दो कविता-संग्रह प्रकाशित। सम्प्रति बैंक मैनेजर।
सम्पर्क : मैनेजर, जम्मू कश्मीर बैंक, अनन्तनाग (कश्मीर)।

मिर्ज़ा ग़ुलाम हसन बेग 'आरिफ़'

रुबाइयों के लिए लोकप्रिय। जन्म : नवम्बर 1910, अनन्तनाग, कश्मीर। संग्रह 'रुबाइयाते आरिफ़' अधिक चर्चित।
सम्पर्क : द क्लिफ़' बार्ज़ुल्ला, श्रीनगर।

अर्जुनदेव 'मजबूर'

प्रसिद्ध कश्मीरी कवि। जन्म : 1923, जैनपुरा, बिजबिहारा कश्मीर।
'दशहार कलामे मजबूर', 'अमन ज़िन्दगी', 'दज़ुवुन्य कोसम' आदि चार कविता-संग्रह अब तक प्रकाशित।
सम्पर्क : मकान नं० 207, वार्ड नं० 12, ऊधमपुर-182 101 (जम्मू-कम्मीर)

बृजनाथ 'बेताब'

कश्मीरी और हिन्दी के युवा कवि। जन्म : 20 नवम्बर, 1953, अकिनगाम, कश्मीर।
सम्प्रति दूरदर्शन में समाचार-वाचक। 'खाबन हुन्द ख़रीदार' (कविता-संग्रह) प्रकाशित।
सम्पर्क : मकान नं. 1/बी, ब्लाक-28, सेक्टर 2, गोल मार्केट, नई दिल्ली-110001

गुजराती

उमाशंकर जोशी

जन्म : 1911, निधन-1988।
गुजराती के युग-प्रवर्तक कवि। कहानी, एकांकी, निबन्ध और समीक्षा के क्षेत्र में भी विशेष योगदान। अपने प्रथम काव्य-संग्रह 'विश्वशांति' (1931) तथा अंतिम काव्य-संग्रह 'सप्तपदी' (1981) के बीच 50 वर्षों में उनकी कविता में अनुभूति और अभिव्यक्ति के अनेकों रंग उभरे। नये-नये काव्य-रूपों और भाषा की नयी भंगिमाओं की खोज हुई, फिर भी उनकी कविता अपनी चारित्रिक विशेषता—मानवीय प्रतिबद्धता और सृजनशीलता को बनाए रही। प्रमुख काव्य-संग्रह हैं—'विश्वशांति', 'गंगोत्री', 'निशीथ', 'प्राचीना', 'आतिथ्य', 'वसंत वर्षा', 'महाप्रस्थान' और 'सप्तपदी'। ज्ञानपीठ पुरस्कार से सम्मानित।

लाभशंकर ठाकर

जन्म : 1935, सुरेन्द्रनगर जिले के सेडाला ग्राम में।

कवि, नाट्यकार और कथाकार। 'रे मठ' के द्वारा आधुनिक भाव-बोध की स्थापना के लिए उग्र आन्दोलन किया। रचनाओं में आरोपित मूल्यों और आयातित भाव-स्थितियों के विरोधी रहे। अब तक 8 कविता-संग्रह प्रकाशित। साहित्य अकादमी पुरस्कार से सम्मानित।

सम्पर्क : ए-2, कैपिटल कामर्शियल सेण्टर, प्रथम तल, संन्यास आश्रम के निकट, आश्रम मार्ग, एलिस ब्रिज, अहमदाबाद-380009।

मफत ओझा

जन्म : 1944।

कवि, कहानीकार, उपन्यासकार और समीक्षक। कविता में इनके साक्षात्कार का मुहावरा एकदम भिन्न और विशिष्ट है। कविता में सहज, कौतुक-वृत्ति का भाव समाहित रहता है। प्रमुख काव्य-संग्रह हैं—'धुम्यसनुं आ नगर,, 'पडघानुं चकरातु आकाश', 'अशुभ', 'श्वास भीतरथी कोरे' तथा 'अप-डाउन'।

उशनस

पूरा नाम नटवरलाल पण्ड्या। कवि, समीक्षक एवं एकांकीकार। परम्परा और प्रयोग के बीच सामंजस्य स्थापित करनेवाले गुजराती के अग्रणी कवियों में से एक।

जन्म : 1920, सांवरी (जिला-बड़ौदा) में।

गुजराती के अध्यापक। बाद में बलसाड आर्ट्स कॉलेज के प्राचार्य। 'प्रसून', 'नेपथ्य', 'आद्रा' आदि एक दर्जन से अधिक कविता-संग्रह प्रकाशित।

नर्मद चन्द्रक, रणजीतराम चन्द्रक, साहित्य अकादमी पुरस्कार से सम्मानित गुजराती साहित्य के सृजन विभाग (कविता) के अध्यक्ष पद से भी सम्मानित।

सितांशु यशश्चन्द्र

जन्म : 1941, कच्छ जिले के भुज गाँव में।

बम्बई विश्वविद्यालय से गुजराती में एम. ए., पी-एच. डी. करने के बाद इण्डियाना विश्वविद्यालय, अमेरिका से पी-एच. डी.। साहित्य एकादमी में भारतीय साहित्य विश्वकोष के प्रधान संपादक रहे। सम्प्रति एम. एस. विश्वविद्यालय, बड़ौदा के गुजराती विभाग में प्रोफेसर एवं अध्यक्ष। अब तक 3 कविता संकलन, सौन्दर्य-शास्त्र और तुलनात्मक साहित्य पर एक-एक पुस्तक प्रकाशित। 4 नाटकों का भी प्रणयन। साहित्य अकादमी एवं अनेक महत्त्वपूर्ण संस्थानों

से सम्मानित एवं पुरस्कृत।
सम्पर्क : अध्यक्ष गुजराती विभाग, एम० एस० विश्वविद्यालय, बड़ौदा (गुजरात)।

इन्दु पुवार

कवि और नाटककार। जन्म : 1940। अहमदाबाद की बहुचर्चित साहित्य-संस्थाओं—'आकंठ साबरमती' और 'होटेल पोएट्स' के संस्थापक-सदस्यों में से एक। प्रमुख काव्य-संग्रह हैं—'किन्तु', 'रोमांच नामे नगर' तथा 'बे उपनिषद'। इनकी कविता में आज की यान्त्रिकता में धीरे-धीरे लुप्त हो रही मानवीय संबंधों की पीड़ा व्यंजित हुई है।

चिनु मोदी

आधुनिक भाव-बोध के कवि। जन्म : 1939। गुजराती साहित्य के प्रोफेसर रहे। कुछ वर्षों के लिए दूरदर्शन आलेखक। पश्चात् गुजरात सरकार के विधि विभाग एवं ओषध नियन्त्रण में विधि-सहायक रहे। अब तक 5 उपन्यास, 8 कविता-संग्रह, 2 एकांकी संग्रह, 8 समालोचना ग्रन्थ प्रकाशित। गुजरात साहित्य पुरस्कार से सम्मानित।
सम्पर्क : 16, जितेन्द्र पार्क, पालडी, अहमदाबाद-380 007

मणिलाल पटेल

कवि, उपन्यासकार, निबन्धकार और समीक्षक।
श्री पटेल की कविता में बिम्ब और प्रतीक प्रायः उनके उस ग्रामीण परिवेश से आये हैं जो काल के प्रवाह में पीछे छूटकर भी एक आन्तरिक कसक के रूप में उनकी अनुभूति में उपस्थित हैं। कविता में इन्द्रिय-बोध की सघनता है और साथ ही एक बौद्धिक अनुशासन भी। काव्य-संग्रह—'पद्मा दिनाना देशमां' सर्वाधिक चर्चित।

यशवंत वाघेला

गुजराती कविता के महत्त्वपूर्ण हस्ताक्षर। इनकी कविता में हिन्दू समाज की उस धर्मसम्मत किन्तु अन्यायपूर्ण व्यवस्था के प्रति गहरा असन्तोष और आक्रोश का भाव है जो अकारण ही एक आदमी को आदमी से एक दर्जा नीचे रहकर जीने के लिए मजबूर करता है। प्रमुख काव्य-संग्रह हैं—'लीलो उघाड़', 'अमे अंधारे उगेला पडछाया'।

तेलुगु

डॉ. गुम्मनूरु रमेशबाबू

तेलुगु के एक प्रौढ़ कवि एवं आलोचक।
अधिकांश कविताओं में मानवता के परिवर्तनशील तत्त्व एवं उनका महत्त्व, विद्रोह और वेदना, स्वप्न और सत्य के मार्मिक चित्र अंकित हैं। तेलुगु साहित्य की प्रत्येक विधा पर समीक्षात्मक ग्रन्थ और लेख बहुचर्चित।

सी. कामेश्वर राव

तेलुगु के भावप्रवण और रससिद्ध कवि।
काव्य-रचनाओं में कवि की कला ने जीवन और जगत् के अनेक रूपों को ग्रहण किया है। काव्य शैली पर असाधारण अधिकार होने के कारण इनकी कविता में भावबोध और अभिव्यक्ति की अद्‌भुत रमणीयता परिलक्षित होती है।

भुवनगिरि नागराजु

एक प्रतिभाशाली कवि होने के साथ-साथ प्रौढ़ विचारक और चिन्तक। अधिकांश कविताएँ दो काव्य-संग्रहों में प्रकाशित। मानव-जीवन के विभिन्न पक्षों पर कवि ने अपने सूक्ष्म एवं गम्भीर विचार व्यक्त किये हैं। उनकी काव्य-वस्तु प्रकृति, कलाजगत् और समकालीन मानव-जीवन को अपनी परिधि में समाहित कर चलती है।

कूचिभोट्ल वेंकट शास्त्री

तेलुगु के मानवतावादी चिन्तक एवं कलाकार।
समाज के दलित एवं पीड़ित वर्ग के प्रति कविताओं में विशेष अभिव्यक्ति। अनेक कविताएँ और लेख विभिन्न पत्र-पत्रिकाओं में प्रकाशित। 4-5 कविता-संग्रह तैयार हैं, अब तक प्रकाशित नहीं हो सके।

ताजुद्दीन बाबा

एक उदीयमान कवि, आलोचक एवं अनुवादक।
तेलुगु के अतिरिक्त उर्दू और संस्कृत का भी पर्याप्त ज्ञान। उनकी कविता पाठक को एक उदात्त, परिष्कृत भावभूमि पर ले जाती है जहाँ केवल कलानुभूति का अमिट आनन्द उसे स्वयमेव प्राप्त हो जाता है।

मद्दूरु श्रीनिवासुलु

तेलुगु के अत्यन्त भावुक कलाकार।
अधिकांश कविताएँ अप्रकाशित ही हैं परन्तु जो भी तेलुगु कविताएँ प्रकाशित हुई हैं उन्हीं के बल पर वे तेलुगु कविता के क्षेत्र में अपना महत्त्वपूर्ण स्थान बना चुके हैं।

डॉ. सी. नारायण रेड्डी

तेलुगु के अत्यधिक चर्चित आधुनिक कवि। जन्म: 29 जुलाई 1931, ग्राम हनुमॉजी पेट (आं. प्र.) में।
उस्मानिया विश्वविद्यालय से एम. ए., पी-एच. डी.। आन्ध्र विश्वविद्यालय से 'कलाप्रपूर्ण' की उपाधि। मानद डॉक्टरेट भी।
प्रकाशित कृतियाँ—40 से अधिक। आन्ध्रप्रदेश साहित्य अकादमी पुरस्कार, केन्द्रीय साहित्य अकादमी पुरस्कार, भारतीय भाषा परिषद् पुरस्कार, कुमार आशान पुरस्कार, सोवियत लैण्ड नेहरू पुरस्कार और ज्ञानपीठ पुरस्कार से सम्मानित। फ़िल्मी गीतों की रचना में विशेष दक्षता और ख्याति। वर्षों तक उस्मानिया विश्वविद्यालय में तेलुगु के आचार्य पद पर काम करने के बाद आज-कल आन्ध्र प्रदेश के राजभाषा आयोग के अध्यक्ष।
सम्पर्क: अध्यक्ष, अधिकार भाषा संस्था, आन्ध्र प्रदेश सचिवालय, हैदराबाद।

पातूरि रघुरामय्या

गहरे जीवनानुभव एवं गतिशील संवेदना के तेलुगु कवि।
इनकी कविता में मानव और प्रकृति, व्यक्ति और समाज के सन्दर्भ में यथार्थ और कल्पना तथा विचार और अनुभूति का सुन्दर सामंजस्य है। अधिकांश कविताएँ तेलुगु की 'भारती', आन्ध्र प्रभा' और 'आन्ध्र ज्योति' आदि पत्रिकाओं में प्रकाशित।

पी. वी. साइनाथ शास्त्री

जन्म: 31 दिसम्बर 1939, कृष्णा जिले के वेंटप्रगड गाँव में।
समकालीन तेलुगु कविता में विशिष्ट स्थान। कई गीत, कविताएँ, कहानियाँ और लेख प्रकाशित। 'भारतम् लो अभिमन्युडु', 'द्रोणुडु', 'कुन्ति', 'कर्णुडु', 'वेमनसूक्तुलु', 'सहृदयुडु', 'भास्कर रामायणम् लो भरतुनि सौशील्यम्' आदि प्रसिद्ध रचनाएँ हैं। सम्प्रति: महाराजा कॉलेज, विजयनगर के तेलुगु विभाग के अध्यक्ष।
सम्पर्क: अध्यक्ष, तेलुगु विभाग, महाराजा कॉलेज, विजयनगरम, (आ. प्र.)

पंजाबी

डॉ. जसवीरसिंह आहलूवालिया

पंजाबी काव्य में प्रयोगवादी रचनाधर्मिता के जनक, चिन्तक और आलोचक। जन्म : 2 फरवरी 1935।
प्रकाशित रचनाएँ : 'कागज़ दा रावण', 'कूड राजा कूड प्रजा', 'सच्च दी बेला', 'बाहरों सरापे अन्दरों गुआचे' जैसे आधा दर्जन कबिता-संग्रह प्रकाशित। 'इयाया एवार्ड' (कैनेडा) और पंजाब साहित्य अकादमी चण्डीगढ़ द्वारा पुरस्कृत एवं सम्मानित। सम्प्रति : राजभवन पंजाब में संयुक्त सचिव और मंडीकरण बोर्ड, पंजाब के सचिव।
सम्पर्क : 1607, सेक्टर-33 डी, चण्डीगढ़।

अंबरीश

बाल विशेषज्ञ एम. डी.। जन्म : 22 जनवरी 1952।
प्रकाशित रचनाएँ : 'सभ धरती कागज़', 'पहिआचिड़ी ते आसमान'। सम्प्रति : राजेन्द्र अस्पताल, पटियाला के चिल्डर्न वार्ड में डॉक्टर।
सम्पर्क : 257, सेवक कालोनी, पटियाला—147001

सोहन ढंड

साहित्य के जागरूक अध्येता, अनुवादक और अध्यापक।
पंजाबी में मौलिक व अनूदित काव्य-संग्रह प्रकाशित। पंजाब त्रासदी पर स्पष्ट भावाभिव्यक्ति के कवि। प्रसिद्ध कहानीकार रघुबीर ढंड स्मृति ग्रन्थ के सम्पादक।
सम्पर्क : बी-4/76, गुरुतेगबहादुर नगर, खन्ना (लुधियाना) पंजाब।

डॉ. जगजीत बराड़

'धूप और दरिया' (ज्ञानपीठ प्रकाशन) के चर्चित लेखक। गुजराती व अन्य अनेक भाषाओं में अनूदित। दो कहानी-संग्रह : 'माध्यम' और 'वापसी'; 'डुबदे चढ़दे सूरज' रेखांकित काव्य-संग्रह। भाषा विभाग, 'पंजाब सरकार और ट्री-सर्जन' सम्मान से अलंकृत। सम्प्रति : साउथ ईस्टर्न लूसीयाना यूनिवर्सिटी, हैमंड (अमेरिका) में अर्थशास्त्र के विभाग-प्रमुख और प्रोफेसर।
सम्पर्क : प्रो. जगजीत सिंह बराड़, 215 वाइल्डवुड, हैमंड, एल ए-70401 (यू. एस. ए.)।

डॉ. देवेन्द्र कौर 'चन्दन'

पंजाबी कविता में लोकरंग की पक्षधर। अब तक एक पंजाबी कविता-संग्रह और पाँच आलोचनात्मक शोधग्रन्थ प्रकाशित। सम्प्रति : दिल्ली के एक कॉलेज में प्राध्यापिका।

सम्पर्क : 51, देशबन्धु हाउसिंग सोसायटी, पटपड़गंज, दिल्ली-110 092

इकबाल रामूवालिया

क्रान्तिकारी कविता के बाद पंजाबी में 'पाणी दा परछावाँ (काव्य-संग्रह) प्रकाशित। 'सिरजणा', 'आरसी' जैसी कतिपय पत्रिकाओं के परिचित हस्ताक्षर। अनेक संस्थाओं द्वारा पुरस्कृत एवं सम्मानित। इन दिनों कैनेडा में।

प्यारासिंह सहराई

जन्म : मानसा (बठिंडा) के एक गाँव में। शिक्षा : खालसा कॉलेज, अमृतसर से बी. ए.।

प्रकाशित काव्य-कृतियाँ : 'सहिराई पंछी', 'तारीआँ दी लौ', 'धरती दे गीत', 'लगरां', 'वणतृण', 'गुजरगाह', 'नातां वक्त दीओ', 'गीत मरिआ नहीं करदे' आदि। स्वतन्त्रता के बाद रूसी दूतावास के सूचना विभाग में पंजाबी के अनुवादक एवं सह सम्पादक भी रहे।

सम्पर्क : बी-180, फार्मर्ज़ हाउसिंग सोसायटी, प्लाट-8, सेक्टर-13, रोहिणी, दिल्ली-110 085।

हरिनाम

पंजाबी में अलग लीक के कवि। दो दशक तक दिल्ली, पंजाब में चर्चित और हिन्दी साहित्यिक संसार से जुड़े रहे। अब तक दो काव्य-संग्रह प्रकाशित। 1991 में दिवंगत।

सरोब सुदीप

कवि, समीक्षक एवं अध्यापक। जन्म : 2 जनवरी 1943।

प्रकाशित रचनाएँ : 'बेनाम बस्ती', 'उसनूं कहो', 'पराह धरती', 'लिओ एह खत पा देणा'। रेखांकित अभिव्यक्ति में सूक्ष्मशैली के कवि।

सम्पर्क : दोणा मंडी, समराला (लुधियाना) पंजाब।

बांग्ला

जय गोस्वामी

बंगाल की युवा पीढ़ी के सशक्त और सक्रिय हस्ताक्षर। अपनी सरल किन्तु विशिष्ट पहचान के लिए युवा कवियों में अलग पहचान। अब तक पाँच काव्य-संकलन प्रकाशित—जिनमें 'उन्मादेर पाठक्रम', 'घूमिमेछे झाउपाता', 'कोनो जिज्ञासा नेई' और 'भुतुम भगवान' काफ़ी चर्चित हुए।

समरेन्द्र सेनगुप्त

बांग्ला के प्रौढ़ कवि, कथाकार एवं पत्रकार। 'द टेलिग्राफ़' से जुड़े रहे। अंग्रेजी में भी कई रचनाएँ प्रकाशित। 'आजन्म जन्मेजय', 'कान्ना बारूद' 'ध्याने व्यवधाने', 'भिन्न जातिचिह्न' और 'श्रेष्ठ कविता' चर्चित काव्य-संकलन।

नीरद राय

प्रौढ़ कवि एवं समालोचक। समय-समय पर कई विचारपरक लेख भी प्रकाशित। दो काव्य-संकलन मुद्रणार्थ प्रस्तुत।

सुबोध सरकार

जन्म 1957। कलकत्ता के युवा कवि एवं जीविका से अंग्रेजी के अध्यापक। विदेशी भाषाओं के चर्चित कवियों का बांग्ला में तथा बांग्ला कृतियों का अंग्रेज़ी में अनुवाद। कुछ कविताएँ 'पोइट्री फ्राम ग्रास-रूट' (अंग्रेज़ी) में अनूदित एवं प्रकाशित। बांग्ला की प्रतिष्ठित पत्र-पत्रिकाओं में रचनाएँ प्रकाशित। 'एका नरकगामी' चर्चित काव्य-संकलन।

विप्लव माझी

बांग्ला के सुपरिचित कवि। 'ऊष्णमंडल की रात ओ समुद्र', 'मानुषर कथा', 'गोलापेरा शिशिर चुम्बित', 'भालोबासा' 'कोलम्बसेर जहाज' 'जन्त्रणार पूँजि ! कवितार अस्त्र' प्रसिद्ध काव्य-संकलन। साल्वातोर कोयसिमोदोर तथा फ़ारनो मेदो पेशोआ की कविताओं का बांग्ला में अनुवाद। विभिन्न पत्र-पत्रिकाओं में नियमित लेखन।

बुद्धदेव दाशगुप्त

कवि एवं पत्रिका सम्पादक। 'रोबोटेर गान' प्रसिद्ध काव्य-संकलन। पत्र-पत्रिकाओं में नियमित लेखन तथा काव्य-समीक्षा।

सुभाष मुखोपाध्याय

जन्म : 1919

माटी के जीवन को एक शिल्पी की तरह नये रंग-रूप में ढालनेवाले चितेरे कवि। आधी सदी से भी अधिक समय तक का जीवन काव्य की प्रचुर एवं प्रगाढ़ सृजनात्मकता में व्यतीत। 'पदातिक' (1940) का प्रकाशन उनके जीवन की सबसे महत्त्वपूर्ण घटना थी जिसमें उन्होंने श्रम और संघर्ष के अपने तरुण भावबोध से बांग्ला कविता को नये स्वर और नये तेवर दिये। तब से अब तक पचास के अधिक कृतियाँ प्रकाशित।

देश-विदेश में कितनी ही सारस्वत यात्राओं से कृतकृत्य तथा ज्ञानपीठ पुरस्कार से सम्मानित। बांग्ला साहित्य-जगत् में अपने समकालीनों में ही नहीं, युवा पीढ़ी में भी, जनसाधारण के असाधारण कवि के रूप में लोकप्रिय।

सम्पर्क : 5/बी, डॉ. शरत बैनर्जी रोड, कलकत्ता-700 029

रफीक आज़ाद

चर्चित कवि। पत्र-पत्रिकाओं में कई कविताएँ प्रकाशित। उल्लेख्य योग्य कोई संकलन प्रकाशित नहीं।

दिव्येन्दु पालित

कवि, कथाकार एवं पत्रकार। जन्म स्थान : भागलपुर, बिहार। अब तक विभिन्न विधाओं में बीस से अधिक पुस्तकें प्रकाशित। काव्य-संकलन 'निर्वासिन, निर्वासिन नय', 'शब्द चाइ, दाओ' तथा 'श्रेष्ठ कविता' के लिए विशेष चर्चित। आनन्द पुरस्कार से सम्मानित। किशोरों के लिए भी नियमित रूप से लिखते रहे हैं।

मराठी

सुखराम हिवराले

मराठी के वरिष्ठ साहित्यकार। जन्म : 18 जुलाई 1936। मराठी में स्नातकोत्तर उपाधि के बाद लगभग 12 वर्ष तक पत्रकारिता। तरल अभिव्यक्ति एवं सूक्ष्म, सहज उत्कर्ष वाली भावोत्कट कविता के सर्जक। कविता, कहानी, उपन्यास, निबन्ध, बाल साहित्य आदि पर लगभग दो दर्जन कृतियाँ प्रकाशित। राज्य शासन पुरस्कार से सम्मानित। सम्प्रति मराठवाड़ा विद्यापीठ औरंगाबाद के पत्रकारिता विभाग में अध्यापन।

सम्पर्क : 441, तिलोकसिंह बिल्डिंग, छावनी, औरंगाबाद—431002

कुमार अनिल

मराठी में स्नातकोत्तर उपाधि के बाद पुणे विद्यापीठ में शोधकार्य। आकाशवाणी कार्यक्रमों में योगदान। हिन्दी, मराठी फ़िल्मों के सहायक निदेशक एवं पटकथा-लेखक। दलित एकांकी कार्यशाला के प्रथम अध्यक्ष। विभिन्न पत्र-पत्रिकाओं में कविताएँ प्रकाशित। सम्प्रति अखिल भारतीय दलित नाट्य परिषद् के सहायक सचिव।

सम्पर्क : पुणे विद्यापीठ, छात्रावास नं० 5, कमरा नं० 57, पुणे 411007

शरण कुमार लिंबाले

जन्म : 1 जून 1956। एक अरसे से आकाशवाणी से सम्बद्ध। कविता, उपन्यास आदि विधाओं पर लगभग एक दर्जन पुस्तकें प्रकाशित। सम्प्रति महाराष्ट्र मुक्त विद्यापीठ में सहायक सम्पादक।

सम्पर्क : सहायक सम्पादक, यशवंतराव चौहान महाराष्ट्र मुक्त विद्यापीठ नासिक-422 002

आसावरी काकडे

वाणिज्य स्नातिका होने के बावजूद कविता में विशेष रुचि। अब तक 2 कविता-संग्रह प्रकाशित। महाराष्ट्र साहित्य परिषद् तथा यशवंतराव चौहान मुक्त विद्यापीठ पुरस्कार प्राप्त। सम्प्रति भारतीय स्टेट बैंक, पुणे में सेवारत।

सम्पर्क : सेतु, डी-1/3, स्टेट बैंक कर्वे नगर, पुणे-411052

दया पवार

जन्म : 15 सितम्बर 1935। दलित आत्मकथा 'बलुतं' (अछूत) बहुचर्चित। अनेक कहानियों और कविताओं का अनुवाद। पद्मश्री से अलंकृत। मराठी मूल तथा सम्पादित पुस्तकों की संख्या लगभग एक दर्जन।

सम्पर्क : 2 डी, 'स्वरूप', सुभाषनगर, पांडुरंगवाडी, गोरेगांव (पू), बम्बई-63

भुजंग मेश्राम

जन्म : 9 अक्तूबर 1958। गोंडी, परधानी, बंजारी, कोलामी आदि आदिवासी बोलियों में पैठ। आदिवासी जीवन में व्याप्त विषमता और उनकी अन्य समस्याओं को उजागर करने वाले यथार्थवादी कवि। कहानी और एकांकी लेखन में भी रुचि। सम्प्रति सरकारी संस्था, भिवंडी में सहायक नियंत्रक।

सम्पर्क : 2-सी, हिरन, बसव कल्याण नगर, अंबरनाथ (पूर्व), 421501, जिला-ठाणे।

शंकर वैद्य

जानेमाने कवि और समीक्षक। जन्म : 15 जून 1928। पैंतीस वर्षों तक सरकारी महाविद्यालय में मराठी का अध्यापन। दूरदर्शन के कई कार्यक्रमों का संचालन। लगभग एक दर्जन कविता और कहानी-संग्रह प्रकाशित। महाराष्ट्र राज्य शासन तथा अन्य कई पुरस्कार प्राप्त।
सम्पर्क : अफ्रीका हाउस, एडनवाला रोड, माटुंगा, बम्बई—400019

अशोक नायगावकर

जन्म : 29 दिसम्बर 1947। शिवाजी विद्यापीठ, कोल्हापुर से वाणिज्य में स्नातक। मराठी की पत्रिकाओं में कविताएँ प्रकाशित। आकाशवाणी एवं दूरदर्शन कार्यक्रमों में सहभाग। सम्प्रति बैंक ऑफ बड़ौदा में कार्यरत।
सम्पर्क : डी/187, अनन्तधाम, करंबेलकर वाडी, चेंबूर गावठाण रोड नं. 3, बम्बई-400071

नरेन्द्र बोडके

जन्म : 23 दिसम्बर 1954। मराठी एवं सौंदर्यशास्त्र में मुम्बई विद्यापीठ से स्नातकोत्तर उपाधि प्राप्त करने के बाद कुछ समय तक महाविद्यालय में अध्यापन। प्रकाशित रचनाएँ—3 कविता-संग्रह। गोमंतक मराठी अकादमी द्वारा पुरस्कृत। सम्प्रति मराठी दैनिक 'लोकसत्ता' में वरिष्ठ उप-सम्पादक।
सम्पर्क : 435, दत्तवाडी, पुणे-411030

मलयालम

के० अय्यप्प पणिक्कर

जन्म : 1930, कावालम (केरल) में।
प्रकाशित रचनाएँ—4 मलयालम में और 3 अंग्रेजी में। 7 पुस्तकों (अंग्रेजी) का सम्पादन। अमेरीकी साहित्य, अंग्रेज़ी में भारतीय लेखन, सौन्दर्य-शास्त्र, रंगमंच पर शताधिक निबन्ध। टी० एस० इलियट, मायकोवस्की आदि का मलयालम में अनुवाद। 'केरल कविता' त्रैमासिक के संस्थापक-सम्पादक। केरल साहित्य अकादमी, साहित्य अकादमी आदि द्वारा पुरस्कृत।
सम्पर्क : प्रोफेसर एण्ड डायरेक्टर, इंस्टीट्यूट ऑफ इंग्लिश, केरल यूनिवर्सिटी, त्रिवेन्द्रम।

के. सच्चिदानन्दन

मलयालम के कवि, लेखक और समीक्षक। जन्म : 28 मई 1946, कोटुंगलूर (मध्य केरल) में। शिक्षा : अंग्रेजी से एम. ए. के बाद इरिंगालक्कुटा क्राइस्ट कॉलेज में अंग्रेजी के प्रोफेसर। अब तक 10 काव्य-संकलन, 6 गद्य-संग्रह, एक नाट्य संकलन और 2 नाटकानुवाद प्रकाशित। कई कविताओं के विभिन्न भारतीय एवं विदेशी भाषाओं में अनुवाद प्रकाशित। मलयालयम आलोचना के क्षेत्र में भी कई कृतियाँ। केरल साहित्य अकादमी से पुरस्कृत। सम्प्रति साहित्य अकादेमी, दिल्ली में 'इंडियन लिटरेचर' पत्रिका के सम्पादक
सम्पर्क : 'बोधि', श्रीनारायण नगर, इरिंगालक्कुटा-680125

पेरुंपुषा गोपालकृष्णन

जन्म : 1930। स्नातक उपाधि के बाद सरकारी सेवा में। एन. जी. ओ. यूनियन (केरल कर्मचारी संघ) के संस्थापक नेता। फ़िल्म विकास कार्पोरेशन के रिसर्च आफीसर के रूप में सेवाकार्य, अब सेवानिवृत्त। प्रमुख रचनाएँ—'उयरुन्ना माट्टोलिकल' (उठती प्रतिध्वनियाँ), 'मुत्तुकल' (मोती), 'तुड़ी' (ढोल)।
सम्पर्क : अम्मा इटप्पषंञ्ी, तिरुवनन्तपुरम—695 015

मुल्लनेषी

बहुचर्चित कवि एवं फ़िल्म गीतकार। पूरा नाम मुल्लनेषी नीलकण्ठन नंपूदिरी। जन्म : 1948, मुल्लनेषी (केरल) में। सम्प्रति हाईस्कूल में अध्यापक। 'नाराणत्तु भ्रान्तन', 'मोहपक्षी', 'अक्षरगीतम् रापाट्टु' आदि रचनाएँ चर्चित।
सम्पर्क : मुल्लनेषी, अवणिश्शेरी, त्रिचूर-680 313

श्रीमती सावित्री राजीवन

जन्म : 1956, एरनाटु तालुक्के (केरल) में।
सम्प्रति सरकारी कॉलेज, मलप्पुरम् में प्राध्यापिका, तिरुवनन्तपुरम में निवास।

पुतुश्शेरी रामचन्द्रन

जन्म : 1928, वल्लिकुन्नत्त (केरल) में। केरल विश्वविद्यालय में मलयालम विभाग में प्रोफेसर रहे। अनुसंधान के क्षेत्र में अनेक उपलब्धियाँ। 'अग्नये स्वाहा', 'ग्रामीण गायक', 'शक्ति-पूजा', 'आवुन्नत्र उच्चत्तिल', आदि अनेक रचनाएँ चर्चित।
सम्पर्क : स्वातिनगर, तिरुवनन्तपुरम (केरल)।

संस्कृत

डॉ. सीताराम द्विवेदी

संस्कृत कवि, समीक्षक एवं व्याख्याता। जन्म : 1967, बिलवई (हमीरपुर) उ. प्र. में। शिक्षा : एम. ए. (संस्कृत), पी-एच. डी.। प्रकाशित रचनाएँ : 'ध्रुव' (खण्डकाव्य), 'सांध्य ज्योतिः' (काव्य), 'अभिशप्त आलोक' आदि। दूर्वा, प्रियंवदा, प्रख्या आदि पत्रिकाओं में सतत प्रकाशन।
सम्पर्क : संस्कृत विभाग, सागर विश्वविद्यालय, सागर (म. प्र.)

डॉ. विन्ध्येश्वरी प्रसाद मिश्र 'विनय'

कवि एवं प्राध्यापक। जन्म : 1956, पहरा (छतरपुर) में। शिक्षा एम. ए. (संस्कृत), पी-एच. डी.। प्रकाशित रचनाएँ : 'सारस्वतसमुन्मेषः', 'कृष्णकथा-विमर्शः'। संस्कृत पत्र-पत्रिकाओं में समय-समय पर रचनाएँ प्रकाशित।
सम्पर्क : प्राध्यापक, संस्कृत विभाग, विक्रम विश्वविद्यालय, उज्जैन (म. प्र.)

डॉ. कैलाशनाथ द्विवेदी

संस्कृत कवि, लेखक एवं प्राध्यापक। जन्म : 1942, बैना, कानपुर में। शिक्षा : एम. ए. साहित्याचार्य, पी-एच. डी., डी. लिट्,। प्रकाशित रचनाएँ—'गुरुमाहात्म्यशतकम्', 'कुसुमांजलिः', 'शाकुन्तलीयम्', 'लेखांजलिः' आदि। उत्तर प्रदेश पदक विजेता। संस्कृत अकादमी उत्तर प्रदेश, काशीप्रसाद जायसवाल पुरस्कार से सम्मानित। साहित्यिक और सामाजिक संस्थाओं से सम्बद्ध।
सम्पर्क : प्राचार्य, मथुराप्रसाद महाविद्यालय, कौंच (जालोन)।

डॉ. हर्षदेव माधव

कवि, लेखक और प्राध्यापक। जन्म : 1954, वरतेज (भावनगर) में। शिक्षा : एम. ए. (संस्कृत), पी-एच. डी., डी. लिट् (कैलीफोर्निया)। प्रकाशित रचनाएँ : 'रथ्यासु जम्बूवर्णानाम् शिराणाम् (काव्य), 'अलकनन्दा', 'अत्रान्तरे', 'क्षिप्रा', 'अद्यापि', 'यद्यपि', 'अभितः', 'इदानीम्', 'षोडशी' आदि लगभग 50 कृतियाँ। सम्प्रति : प्राध्यापक, एच. के. आर्ट्स कॉलेज, अहमदाबाद-9
सम्पर्क : सी/ 247, भवन टेनार्मेन्ट्स, निकट वासना बेरजि, अहमदाबाद-7

डॉ. नलिनी शुक्ल

विदुषी कवियित्री एवं प्राध्यापिका। जन्म : 1940, कंधेसी, इटावा में। शिक्षा : एम. ए., पी-एच. डी.। प्रकाशित रचनाएँ : 'प्रकीर्णम्', 'भावांजलिः' 'वाणी-

शतकम्', 'राधानुनयः', 'पार्वती तपश्चर्या', 'निर्झरिणी' आदि अनेक ग्रन्थ। स्वर्ण पदक प्राप्तकर्त्री। सदस्या साहित्य अकादमी। अनेक संस्कृत संस्थानों से सम्बद्ध। संस्कृत अकादमी उत्तर प्रदेश, मध्य प्रदेश विद्वत् परिषद् तथा संस्कृत भारती पुरस्कार से सम्मानित।
सम्पर्क : प्राध्यापिका, आचार्य नरेन्द्रदेव महिला महाविद्यालय, कानपुर।

डॉ. कपिलदेव पाण्डेय

संस्कृत कवि, समीक्षक एवं प्राध्यापक। जन्म : 1936, बलिया, (उ. प्र.) में। शिक्षा : एम. ए., पी-एच. डी.। प्रकाशित रचनाएँ : 'शृंगारतिलक', 'छन्दोलंकारविमर्शः' आदि। सम्पादन : सूर्योदयः, प्राच्यविद्या। हिन्दुस्तानी बिरादरी, कानपुर द्वारा सम्मानित। संस्कृत कवि सम्मेलनों में चर्चित। सम्प्रति : संस्कृत विभागाध्यक्ष, आर्य महिला डिग्री कॉलेज, वाराणसी।
सम्पर्क : सी-27/111, जगतगंज, वाराणसी।

डॉ. विष्णुकान्त शुक्ल

संस्कृत कवि एवं प्राध्यापक। जन्म : 1942, खुर्जा (उ. प्र.) में। शिक्षा : एम. ए. (संस्कृत, हिन्दी), साहित्याचार्य, पी-एच. डी.। प्रकाशित रचनाएँ : 'स्फाटिकी माला', 'पूर्णकुंभः' आदि काव्य। संस्कृत कवि सम्मेलनों के प्रमुख आकर्षण। आकाशवाणी, दूरदर्शन से अनेक रचनाएँ प्रसारित। साहित्य रत्नाकर और श्रेष्ठ शिक्षक उपाधियों से अलंकृत। सम्प्रति : अध्यक्ष, हिन्दी विभाग, जे. बी. जैन कॉलेज, सहारनपुर।
सम्पर्क : 'विभावना', प्रद्युम्न नगर, सहारनपुर।

डा. बच्चूलाल अवस्थी 'ज्ञान'

संस्कृत में ग़ज़ल शैली के उल्लेखनीय रचनाकार एवं प्राध्यापक। जन्म : 6 अगस्त 1918, लखीमपुर खीरी में। शिक्षा : एम. ए. (संस्कृत, हिन्दी), आचार्य, पी-एच. डी., डी. लिट्। प्रकाशित रचनाएँ : 'देवदूतम्', 'कथंकथा', 'नेतृस्तवः', 'शुकवृत्तम्', 'मातुः स्तवकः' तथा अन्य अनेक ग्रन्थ। सम्प्रति : उपाध्यक्ष, उत्तर प्रदेश संस्कृत अकादमी।
सम्पर्क : कालिदास अकादमी, विश्वविद्यालय, उज्जैन (म. प्र.)।

डा. रमाकान्त शुक्ल

राष्ट्रीय काव्यधारा के ललित स्वर, नाटककार, समीक्षक एवं प्राध्यापक। जन्म : 1940, खुर्जा (उ. प्र.) में। शिक्षा : एम. ए. (संस्कृत, हिन्दी), आचार्य,

पी-एच. डी.। प्रकाशित रचनाएँ : 'भाति मे भारतम्', 'जय भारतभूमे !', 'नाट्य सप्तकम्', 'संस्कृत महाकाव्यविमर्शः' आदि। सम्पादक : अर्वाचीन संस्कृतम्, महा-सचिव—देववाणी परिषद् और संस्कृत कवि सम्मेलनों के लोकप्रिय कवि। मारिशस, अमेरिका आदि देशों की यात्रा। सम्प्रति : रीडर, संस्कृत विभाग, राजधानी कॉलेज, दिल्ली विश्वविद्यालय।
सम्पर्क : 6, वाणी विहार, नई दिल्ली-110059।

सिन्धी

ईश्वर आंचल

सिन्धी के वरिष्ठ कवि और कहानीकार। जन्म : 2 अक्तूबर 1928, कराची (सिन्ध) में।
देश-विभाजन के बाद मार्क्सवाद से प्रभावित प्रगतिवादी पीढ़ी के होने के बावजूद सिन्धी साहित्य में एक विशेष स्थान। प्रकाशित रचनाएँ—4 कविता-संग्रह और एक कहानी संकलन। 'पाछोला साँझीअ जा' कविता-संग्रह के लिए केन्द्रीय हिन्दी निदेशालय द्वारा पुरस्कृत।
सम्पर्क : 15, अम्ब्रात टावर, प्रभात टाकीज़ के पास, उल्हासनगर—421005

एम. कमल

सिन्धी के वरिष्ठ कवि। जन्म : 8 अगस्त 1925, कराची (सिन्ध) में।
नवीनता, तीखे व्यंग्य और विचारों की ताज़गी एवं प्रयोगशीलता से सिन्धी ग़ज़ल को एक नया रूप प्रदान करने में विशेष योगदान। प्रकाशित रचनाएँ—7 ग़ज़ल संग्रह, 2 कविता-संग्रह, 5 एकांकी-संग्रह। केन्द्रीय साहित्य अकादमी पुरस्कार तथा महाराष्ट्र गौरव पुरस्कार से सम्मानित।
सम्पर्क : ब्लाक-सी-540-1079, उल्हासनगर—421004

महेश नेणवाणी

भारत विभाजन के बाद सिन्धी के नये पीढ़ी के एक समर्थ हस्ताक्षर।
जन्म : अक्तूबर 1954, जामनगर (गुजरात) में। प्रकाशित रचनाएँ—2 कविता-संग्रह। 'माँ ऐ माँ' केन्द्रीय हिन्दी निदेशालय द्वारा पुरस्कृत।
सम्पर्क : सी-12, सी. आई. ए. ई., नबी बाग, भोपाल-462 018

अर्जन हासिद

आधुनिक सिन्धी ग़ज़ल को एक नया अर्थ देने का सफल प्रयास। प्रकाशित

रचनाएँ—3 कविता-संग्रह, 1 'मेरो सिजु' कविता-संग्रह पर केन्द्रीय साहित्य अकादमी पुरस्कार।
सम्पर्क : 463/बी, पो. ऑ.-सरदार नगर, अहमदाबाद—382 475

हरिकान्त जेठवाणी

सिन्धी के वरिष्ठ कवि, कथाकार, पत्रकार एवं नाटककार। जन्म : 1935, जेकबाबाद (सिंधु) में।
शासन तथा समाज में तीखा व्यंग्य करने और असलियत को उभारने में सफल चित्रण करने वाले कवि के रूप में महत्त्वपूर्ण स्थान। प्रकाशित रचनाएँ-- 5 कविता-संग्रह, 2 नाटक-संग्रह, 1 कहानी संग्रह तथा 3 अनुवाद। 'सोच जूं सूरतूं' केन्द्रीय साहित्य अकादमी से पुरस्कृत।
सम्पर्क : ई-5, आकाशवाणी अपार्टमेंट्स, 24, इंद्रप्रस्थ एक्सटेंशन, दिल्ली-110092

नामदेव

सिन्धी कविता, कहानी, उपन्यास, समालोचना के साथ हिन्दी और गुजराती नाट्य-प्रवृत्तियों में भी सक्रिय। जन्म : 25 नवम्बर 1946, लुकमान (सिन्ध) में।
प्रकाशित रचनाएँ—1 कविता-संग्रह, 1 कहानी-संग्रह और 1 उपन्यास। कविता और उपन्यास का गुजराती में स्वयं द्वारा अनुवाद।
सम्पर्क : 141, सिन्धु नगर, भावनगर-364 002

कृष्ण राही

सिन्धी के वरिष्ठ कवि और लेखक।
प्रकाशित रचनाएँ—2 कविता-संग्रह और 1 कहानी-संग्रह। 'कुमाचु' कविता-संग्रह पर केन्द्रीय साहित्य अकादमी पुरस्कार एवं महाराष्ट्र गौरव पुरस्कार। एक अन्य कविता-संग्रह पर महाराष्ट्र राज्य सिन्धी साहित्य अकादमी पुरस्कार।
सम्पर्क : बी-12, लोकुमल अपार्टमेंट्स, महकाने पार्क, अज़ीज़ बाग, चैंम्बूर, बम्बई-400 074

नन्दलाल एच. जवेरी

कविता तथा समालोचना के क्षेत्र में चर्चित सिन्धी साहित्यकार। जन्म : 1 जुलाई 1937, शिकारपुर (सिन्ध) में।
प्रकाशित रचनाएँ—1 कविता-संग्रह और 1 कहानी संग्रह।
सम्पर्क : 5-ए/66, श्याम निवास, वार्डन रोड, बम्बई—400 026

इन्द्रा वासवाणी

सिन्धी की लेखिकाओं में महत्त्वपूर्ण स्थान। अब तक एक कहानी-संग्रह प्रकाशित।
सम्पर्क : टी. एच. एक्स.-23, आदिपुर-370 205 (कच्छ)

हिन्दी

कुमार अम्बुज

विज्ञान के अध्येता युवा कवि। जन्म : गुना (म. प्र.) में। प्रकाशित रचनाएँ : एक कविता-संकलन। भारतभूषण अग्रवाल पुरस्कार से अलंकृत।

मंगलेश डबराल

युवा पीढ़ी के अग्रणी कवि। उन्होंने कविता का अपना अलग ही मुहावरा सृजित किया है। 'पहाड़ पर लालटेन' संग्रह विशेष चर्चित।
सम्पर्क : जनसत्ता, बहादुरशाह ज़फर मार्ग; नई दिल्ली-110002

उदय प्रकाश

नयी पीढ़ी के समर्थ कवि। सागर और जवाहरलाल नेहरू विश्वविद्यालयों से शिक्षा प्राप्त कर पत्रकारिता से जुड़ गये। कविताएँ और कहानियाँ विभिन्न भाषाओं में अनूदित। कविता के लिए भारतभूषण अग्रवाल पुरस्कार तथा कहानी के लिए ओमप्रकाश सम्मान प्राप्त।

इन्दु जैन

हिन्दी नयी कविता की चर्चित कवियित्री। अनेक काव्य-संग्रह एवं गद्य ग्रन्थ प्रकाशित। देश-विदेश की अनेक भाषाओं में इनकी कविताओं के अनुवाद हुए हैं। संचार माध्यमों में दूरदर्शन पर सर्वाधिक चर्चित। संप्रति : दिल्ली विश्वविद्यालय में प्राध्यापन।

कुमार शिव

पारम्परिक शैली को नयी अर्थवत्ता देने वाले कवि। पेशे से वकील। अपने गीतों और ग़ज़लों के कारण चर्चित। नयी कविता के महत्त्वपूर्ण हस्ताक्षर। सौ हिन्दी ग़ज़लों का एक संग्रह अभी हाल में प्रकाशित।

अशोक वाजपेयी

हिन्दी कविता के सशक्त हस्ताक्षर। अनेक ग्रन्थों के लेखक। 'पूर्वग्रह' के सम्पादक

के रूप में हिन्दी के महत्तम सृजनात्मक लेखन को चर्चाओं के केन्द्र में लाने का महत्त्वपूर्ण कार्य किया है। भोपाल में 'भारत भवन' के रूप में एक ऐसे सांस्कृतिक न्यास का शुभारम्भ किया जिसने रचना एवं रंगकर्मियों को निकट आने का एक मंच दिया है।

सुनीता बुद्धिराजा

हिन्दी की नई कवियित्री में अग्रणी। युवा हस्ताक्षरों की कविताओं में जो बेचैनी है उससे एक कदम आगे इनकी कविताएँ हैं जिनमें एक ठहरी हुई बेचैनी है।

नवीन सागर

अपने समकालीनों से भिन्न कविताएँ लिखने के कारण एक विशेष शैली के रचनाकार। नई पीढ़ी के महत्त्वपूर्ण हस्ताक्षर।

सुदीप बनर्जी

नयी पीढ़ी के महत्त्वपूर्ण प्रयोगधर्मी कवि। हाल ही में एक कविता-संग्रह प्रकाशित।

चयन-मण्डल

असमी

डॉ. (श्रीमती) इन्दिरा गोस्वामी,
11/1, शक्तिनगर,
दिल्ली-110 007

कश्मीरी

श्री बृजनाथ 'बेताब',
मकान नं.-1/बी, ब्लाक-28
सेक्टर-2, गोल मार्केट,
नई दिल्ली-110 001

उड़िया

डॉ. राजेन्द्र प्रसाद मिश्र,
एन.टी.पी.सी.,
62, नेहरू प्लेस,
नई दिल्ली-110 019

गुजराती

डॉ. महावीर सिंह चौहान,
ए-9, युनिवर्सिटी स्टॉफ कॉलोनी,
वल्लभ विद्यानगर,
(गुजरात)-388 120

उर्दू

डॉ. सादिक़,
ए जी-1/47 सी;
विकासपुरी,
नई दिल्ली-110 018

तेलुगु

डॉ. पी. आदेश्वर राव,
अध्यक्ष, पाठ्यपुस्तक समिति,
हिन्दी विभाग, आन्ध्र विश्वविद्यालय,
विशाखापट्टणम-530003

कन्नड़

डॉ. बी. आर. नारायण,
क्वार्टर नं०-1815, फर्स्ट मेन रोड,
सैटेलिट टाउन, केंगेरी,
बैंगलोर-560 060

पंजाबी

प्रो. फूलचन्द मानव,
357, फेज-6
मोहाली-160 055 (चण्डीगढ़)

बांग्ला
डॉ. रणजीत साहा,
साहित्य अकादमी, रवीन्द्र भवन
35, फीरोज़शाह रोड,
नई दिल्ली-110 001

संस्कृत
श्री मधुर शास्त्री,
ब्लाक नं.-58, ए-1, सेक्टर-2,
कालीबाड़ी मार्ग,
गोल मार्केट, नई दिल्ली-110 001

मलयालम
श्री जितेन्द्रनाथ,
असिस्टेंट एडीटर
साहित्य अकादेमी, रवीन्द्र भवन,
35 फ़ीरोजशाह रोड,
नई दिल्ली-110 001

सिन्धी
श्री श्याम जयसिंघानी,
8, कमल फूल सोसायटी,
कलेक्टर्स कॉलोनी, चैम्बूर,
बम्बई-400 074

मराठी
श्री प्रकाश भातम्ब्रेकर,
ग-2/10, शाहूनगर,
माहीम (पूर्व)
बम्बई-400 017

हिन्दी
डॉ. गंगा प्रसाद विमल,
बी-201, कर्ज़न रोड अपार्टमेंट्स,
कस्तूरबा गांधी मार्ग,
नई दिल्ली-110 001